U0646045

高等学校教育技术学专业精品教材

丛书主编◎武法提

混合式学习设计

DESIGN FOR BLENDED LEARNING

冯晓英◎著

北京师范大学出版集团
BEIJING NORMAL UNIVERSITY PUBLISHING GROUP
北京师范大学出版社

图书在版编目(CIP)数据

混合式学习设计/冯晓英著. —北京：北京师范大学出版社，
2022.11

高等学校教育技术学专业精品教材

ISBN 978-7-303-28323-1

Ⅰ.①混… Ⅱ.①冯… Ⅲ.①教学设计－高等学校－教材
Ⅳ.①G42

中国版本图书馆 CIP 数据核字(2022)第 212292 号

教 材 意 见 反 馈　gaozhifk@bnupg.com　010-58805079
营 销 中 心 电 话　010-58802755　010-58800035
北师大出版社教师教育分社微信公众号　京师教师教育

HUNHESHI XUEXI SHEJI

出版发行：北京师范大学出版社　www.bnup.com
　　　　　北京市西城区新街口外大街 12-3 号
　　　　　邮政编码：100088

印　　刷：天津中印联印务有限公司
经　　销：全国新华书店
开　　本：184 mm × 260 mm　1/16
印　　张：14.25
字　　数：287 千字
版　　次：2022 年 11 月第 1 版
印　　次：2022 年 11 月第 1 次印刷
定　　价：48.00 元

策划编辑：王剑虹　　　　　责任编辑：马力敏
美术编辑：焦　丽　　　　　装帧设计：李尘工作室
责任校对：康　悦　　　　　责任印制：赵　龙

版权所有　侵权必究

反盗版、侵权举报电话：010-58800697
北京读者服务部电话：010-58808104
外埠邮购电话：010-58808083
本书如有印装质量问题，请与印制管理部联系调换。
印制管理部电话：010-58805079

丛书编委会

顾　问　何克抗

主　编　武法提

副主编　吴　娟

编委会（以姓氏笔画为序）

　　　　冯晓英　刘美凤　李　芒　李玉顺

　　　　李艳燕　杨开城　余胜泉　陈　丽

　　　　武法提　郑勤华　黄荣怀　董　艳

序　言

教育技术学作为兼具"教育"与"技术"基因的学科，经过几十年的发展已逐渐壮大，学科研究范畴不断拓宽，学科体系日益兼容扩展，学科实践开始引领与推动我国教育现代化进程。在教育系统发生结构性变革的大趋势之下，迎面而来的各类新技术、新观念、新手段承载着人们对智能教育、未来学校、教学方式与学习方式变革的思考，使我国教育技术学科呈现出令人鼓舞的愿景与良好的发展势头。

教育技术学是通过设计、开发、利用、管理、评价有合适技术支持的教育过程与教育资源，来促进学习并提高绩效的理论与实践。以教育信息化全面推动教育现代化是教育技术学专业的历史使命和时代担当。构建具有中国特色、国际领先水准的教育信息化理论体系，将信息技术融入各学科的教学过程，用大数据技术驱动教育科研精准化，用人工智能技术破解教育实践中的各种难题，是推动教育深化改革，创新传统教育生态，塑造信息时代全新教育系统，实现教育现代化的必由之路。当前，教育信息化已进入 2.0 时代，"互联网＋教育"和"人工智能＋教育"正在快速扩展，各个学科在人才培养、理论创新和实践引领上都需要更进一步，以便建成具有国际领先水平的一流学科，这既是我们一代代教育技术学人孜孜以求的目标，也为当前我国的教育技术学科赋予了全新的使命和更高的要求。

学科概念体系的建立是教育技术学发展的命脉。"器而后有形，形而后有上。"长期以来，技术的工具理性同样制约着教育技术学的发展，体现为教育技术本身对"规律"的揭示不足，教育技术之"常"往往被人们忽略，新兴技术环境下的"信息化教学创新理论与实践"还未能充分体现，教育技术的人才培养与就业趋势中依然存在忧患。教育领域的"技术问题"不可能仅靠技术手段或操作方式的改变来解决。因此，教育技术的学科思维理应成为教育发展的关键点，这是学科发展之"道"的体现。

在新时代背景下，教育技术学亟须对本学科内涵展开追问，从教育教学问题的解决中寻求建树。在确立学科内涵的同时，也应重视学科研究的跨领域视角，体现人才培养的多元特色与特征。"高等学校教育技术学专业精品教材"正是在这样的思想指导之下，立足于教育技术学专业推动人才培养的时代需求和北京师范大学教育技术学院的人才培养实践的经验总结。这套教材以提升问题解决能力为导向，设计了面向教育产品研发、企业绩效培训、信息技术教育等不同领域，涵盖理论基础、基本原理和设计、技术、开发等多个层面的教材体系，从而实现"学与教、理论与技术并驾齐驱，寻求教育技术学科的内涵发展"。

本套教材共包括 29 本著作，整体上遵循历史与逻辑相结合、理论与实践相结合、问题与项目相结合的编写原则，在考察信息技术与教育深度融合实践中遇到的一系列重大理论问题的基础上，探讨在教育信息化理论创新方面的突破。本套教材由北京师范大学教育技术学院具有深厚研究基础和教学经验的中青年教师团队执笔，拥有较高的学术价值。本套教材的出版，对我国教育技术学专业的人才培养将具有重要的现实意义和深远影响。总体来看，本套教材具有以下四个方面的特色。

一、着眼基本原理问题，注重学科思维培养

以原理式思维深挖教育技术的学科特质，回归学科本体，是教育技术学发展的根基。在这方面，北京师范大学教育技术研究团队做出了卓越的贡献：经过 20 多年的实践探索、自主创新而形成的"中国特色信息化教学创新理论"由六大核心理论支撑，前四大核心理论是创造性思维理论、新型建构主义理论、深层次整合理论、新型学教并重教学设计。本套教材吸纳了上述研究成果，既有教育的理论，又有技术的理论，更有对信息技术和课程深度融合的内涵梳理，力求将领域知识的发展历史、来龙去脉说清楚，并在历史叙述中深入分析、评述，将演变逻辑阐述清楚。

二、立足教育技术理论的实际应用，提升学习者的设计能力

教育技术学作为信息技术课程人才培养的依托，应在实践中创造学科人才的新流向。在教育信息化 2.0 时代，"构建教育新生态"成为教育的核心目标。与之对应，本套教材将信息技术重塑教育生态的设计能力作为学科培养的重要内容。设计能力，包括技术支持的学与教的设计、以技术为教学内容的设计，以及为重塑教育生态格局而进行的学与教的设计等方面的能力，涵盖了以混合教学设计、数字教师、设计能力为核心的创新设计和开发能力的培养。本套教材借鉴了认知心理学领域的理论和实践，开发了合作性的课程项目，进行了数字环境下的学习体验设计，以便为学习者创造有意义、有价值的在线学习体验。

本套教材兼顾了不同价值观的理论基础对实践进行的具体指导，重点破解了不同价值观的理论基础是如何指导"用技术的手段解决教育教学的问题"的，较好地体现了知识体系中经典和前沿的结合，以及学生综合素质培养与创新型人才培养的结合。教材内容体现了时代担当与社会责任，重视新知识的比例，案例丰富、新颖，覆盖不同的教育场景，力求以先进的教育观念为指导，科学地运用先进技术引领现代社会发展。

三、着眼课堂教学结构变革，拓展跨学科生长点

教育系统结构性变革要通过"课堂教学结构的变革"来落实。本套教材体现出了教育技术学科的自身特色，配套提供了精品数字化教材，为重点内容提供了数字资源。教材设计之初考虑到如何在混合学习环境下实施教学，以及对讲授教学、翻转课堂、自主学习的支持，提供了对应的场景化案例、相关工具与资源，以支撑学生的自主学习、协作探究、深层次意义建构和情感体验与内化。

进入 21 世纪，跨学科已成为技术创新的组成部分，弥合了研究、工业和教育之间的差距。进行教育技术学的跨学科研究已经逐渐成为学术界的共识，也成为学科人才培养的未来趋势。教材内容强化了以脑科学、学习科学为理论框架的跨学科研究，以期从心理、生理及行为的综合视角对人类如何学习进行探索，从而寻找到促进和改善学习活动的方式与方法。当前，学习者的学习方式也正在逐渐适应智能时代发展的新诉求。虚拟现实教育应用、人工智能教育应用、教育数据挖掘与学习分析等内容充分体现了我们对学科跨界融合趋势的充分思考。

四、"知、行、创"合一，体现国际一流水准

教材体系体现了跨学科人才培养的多样性，并考虑到了学科教育、教育技术、心理学、计算机科学的协同项目设计，在原有人才培养目标的基础上，更加注重可迁移能力与创造能力的发展，从而实现"知、行、创"三者合一。教材内容将理论讲解与案例分析相结合，加大笔墨分析理论对案例设计、开发的具体指导。这体现在以下三个方面：一是能力指向，教材内容注重问题解决，培养学生识别问题、分析需求、设计方案、开发原型、形成产品的能力；二是项目承载，教材设计了不同教育实际场景下的综合项目，力求利用协同式项目研究培养学生将理论知识综合应用于问题解决的能力；三是将工程系统思维与学科结合，引入"信息架构师"体系，探索基于实践场域的创新应用与服务。

未来的时代是新兴技术与教育教学深度融合创新的时代。以云计算、大数据、物联网、虚拟现实、人工智能为代表的新一代信息技术给教育信息化注入的新活力，正在深刻改变着教育服务模式和资源配置方式，"信息技术与学科教学深度融合"已成为当前教育技术学科内涵的基本特征。"高等学校教育技术学专业精品教材"从当前信息化教学模式层面的问题出发，寻求技术支撑教与学的关键要点。我们相信，本套教材既有助于读者了解当前教育技术学的研究趋势，也有助于读者掌握教育技术学的研究方法与范式，帮助读者开阔视野，催生国内高水平教育技术研究与实践，在理论和实践两个层面肩负起时代重任。中国教育技术学科将能够立足本土需要，彰显后发优势，逐步成为具有中国特色、国际水准的学科体系，我们对此亦有充分的依据和信心。

　　"高等学校教育技术学专业精品教材"涵盖了教育技术学的热点领域，包括专业基础、原理性课程、设计类课程、开发类课程与应用类课程5个部分。教材体系完善、内容新颖、案例翔实，不仅适合教育技术学专业的本科生、研究生、研究者和教师阅读，也适合教育学、心理学等专业的研究者与专业技术人员查阅与参考。

　　本套教材历时三年终于问世，北京师范大学教育技术学院的中青年教师团队付出了大量的时间与精力，教材主编武法提统筹了丛书的策划并对编写方案做了大量的论证，北京师范大学出版社王剑虹为教材的出版付出了大量心血，在此对这些贡献者致以深深的谢意！

何克抗
武法提
2020 年 5 月

前　言

　　"互联网＋"时代，混合式教学正在成为教学的"新常态"。国际上对此早已形成了共识。美国新媒体联盟（New Media Consortium，NMC）发布的《新媒体联盟地平线报告》中，"混合式教学设计"自 2012 年起连续被重点提及，混合式教学已然成为国际教育研究和实践的关注焦点。近年来我国高等教育、职业教育、基础教育领域都在大力推动混合式教学改革，混合式教学呈现出了井喷式发展。突如其来的疫情使人们更坚定了这个认识，也加快了这个"新常态"的进程。混合式教学再次引起了社会各界的广泛关注。

　　然而，当被突然推入到混合式教学的轨道上，绝大多数教师并没有做好准备。教师熟悉的是传统面对面课堂教学的理论、规律与方法，对于混合式教学的概念的内涵、外延，混合式教学的规律、方法等，在实践中普遍存在着困惑与迷茫。

　　关于混合式教学设计，目前国内外都存在着一个悖论。一方面，从文献上看，几乎每一个混合式教学实践案例都会给出一个混合式教学模式；另一方面，面对形形色色的混合式教学模式，研究者与实践者又都在困惑与迷茫：到底该如何设计一个成功的混合式教学？

　　尤其当前我国正处于教育转型与变革时期，"互联网＋"时代赋予了混合式教学新的理念、含义和实践方式。随着在线教育与传统学习方式的不断融合，混合式教学环境下的教学设计呈现其独有的特色、规律与方法，越来越多的教育从业人员亟待接受混合式教学设计的专业培训。无论目前在职的教师和教育从业人员，还是未来可能从事教育教学的大学生，都有必要系统学习混合式教学的理论、规律和方法，掌握混合式教学设计的能力。

　　本书用混合式学习设计的概念替代了教学设计的概念，是因为"互联网＋"时代的混合式教学是一种颠覆型创新：它推动了教师角色定位的根本性转变，促使教师由学科专家、知识传授者转变为学习的设计者和学习的促进者；它还推动了教学模式与教学理念的变革，促使教学真正由"以教师为中心"或"以学科为中心"向"以学生为中心"转变。其本质是关注利用互联网、移动技术和面对面教学为学生创造一种真正高度参与的、个性化的学习体验。因此，设计的目的也由促进教师的"教"转向了促进学生的"学"。混合式学习设计将是未来教师和教育从业人员的必备知识与技能。

　　"混合式学习设计"是全面了解互联网促进教育教学变革的必修课程，是教育技术学专业的核心课程，是师范生的公共基础课，也是互联网教育相关专业的入门课程。本书希望能够帮助教师和教育从业人员正确理解并掌握"互联网＋"时代混合式学习的概念、理论、设计流程与方法。本书共分为十章，包括混合式教学的起源与发展、混合式教学的理论基础、混合式教学的准备、混合式教学的设计原则、混合式学习设计模式、混合式学习的目标设计、混合式学习的学习体验设计、混合式学习的学习支架设计、混合式学习的技术工具以及混合式学习的评价设计。

　　本书是提供"互联网＋教育"领域专业知识的定制教材，适用于教育技术学专业本科生和互联网教育领域从业人员。本书采用了项目式学习活动和学习指导书的写作体例、语言风格和排版方法，并为学生提供学习活动建议。

　　衷心感谢北京师范大学远程教育专业硕士研究生王瑞雪、曹洁婷、吴怡君、骆舒寒、庞晓阳等参与了本书第一章到第八章的撰写，吴怡君、王瑞雪对第十章的撰写。感谢远程教育专业博士郭婉瑢对第九章的撰写和对本书的统稿和校对。

　　最后特别感谢北京师范大学出版社的编辑对本书编写自始至终的投入和参与，以及给予的监督和帮助。

冯晓英

2021 年 9 月

目 录

课程定位

"混合式学习设计"既是教育技术学专业本科生的必修课程，也可以作为远程教育领域从业人员提升职业能力的必修课程。"混合式学习设计"是远程教育方向的入门课程，是远程教育专业学生学习研究生课程前必须完成的先修课程。

课程目标

通过本课程的学习，学生应该了解混合式教学的概念演变，能够掌握混合式教学的基本原理和基本规律，学会运用混合式学习设计的原则、流程、方法，开展混合式学习设计。本课程的核心目标是"设计高质量的混合式学习"。

结合本科阶段人才培养层次的特点，希望学习完第一章至第十章的内容后学生可以达到以下的课程目标：

√ 理解混合式学习的概念和内涵；

√ 理解混合式教学的认识论基础和教法学基础；

√ 理解开展混合式教学在机构和教师两个层面的准备；

√ 掌握混合式教学的设计原则；

√ 理解混合式学习设计模式；

√ 能够运用科学的方法进行混合式学习的目标设计；

√ 能够运用科学的方法进行混合式学习的学习体验设计；

√ 能够运用科学的方法进行混合式学习的学习支架设计；

√ 能够为混合式学习选择设计恰当的技术工具；

√ 能够运用科学的方法进行混合式学习的评价设计。

除此之外，本课程的每个章节都制定了具体的章节学习目标，以学习活动的形式组织并描述学习任务，明确了学生学习活动的具体任务。

课程章结构图

```
什么是教学核心目标
核心目标设计            6.混合式学习的                         混合式教学的背景
细化目标设计            目标设计                               混合式教学的发展历史与现状
                                                1.混合式教学的    混合式教学的发展阶段与概念演变
什么是学习体验                                   起源与发展      混合式教学的教学目的及作用演变
混合式学习模式与策略设计
启发性话题与情境设计      7.混合式学习的                         混合式教学的认识论基础
混合式学习活动整体设计     学习体验设计         2.混合式教学的    混合式教学的教学法基础
混合式学习路径设计                              理论基础

什么是学习支架                                   3.混合式教学的    机构的准备：态度与能力的准备
混合式学习活动的支架设计策略   8.混合式学习的      准备          教师的准备：态度与能力的准备
混合式学习支持的支架设计策略   学习支架设计
                                    混合式学习设计
混合式学习环境中技术工具选择的原则                4.混合式教学的    混合式教学设计的价值取向
混合式学习平台的选择                             设计原则        混合式教学设计的三个转变
支持教师讲授与资源学习的技术工具  9.混合式学习的                   混合式教学设计的三个关键词
支持教学组织与管理的技术工具    技术工具
支持师生互动的技术工具                           5.混合式学习    混合式学习设计的典型模式
支持生生互动与协作的技术工具                      设计模式       核心目标导向的混合式学习
支持学习评价与反馈的技术工具                                   设计模式

设计混合式学习评价活动的方法   10.混合式学习的
整体评价混合式学习的方法      评价设计
```

课程内容

课程一共包括十章，内容按照章、节、目三级展开。

第一章 混合式教学的起源与发展

第一章是整个课程的实践基础，其目的在于让同学们全面了解混合式教学的背景、历史、现状和发展演变，了解混合式教学在整个教学体系中的重要作用，从而激发学生的学习兴趣。简言之，本章内容将重点厘清混合式教学的概念和内涵，回答"何为混合""为何混合"的问题。

本章一共包括 4 节内容、11 个条目。

第二章 混合式教学的理论基础

第二章是整个课程的理论基础，旨在帮助同学们了解混合式教学的认识论基础和教法学基础。认识论基础首先在帮助同学们理解混合式教学的本质、发生机制与方法，从而让学生进一步认识混合式教学的特殊规律。教法学基础旨在帮助同学们了解指导教师如何设计和实施混合式教学的理论基础。

本章包括 2 节内容、7 个条目。

第三章 混合式教学的准备

第三章的学习目的在于，让同学们了解成功的混合式教学改革需要从机构和教师两个层面，思考在态度和能力上做好怎样的准备，以及如何帮助不同对象做好混合式教学的准备。

本章包括 2 节内容、6 个条目。

第四章 混合式教学的设计原则

第四章的学习目的在于让同学们了解教学设计的不同价值取向以及混合式教学的设计原则，包括"互联网＋"时代混合式教学设计的三个转变和三个关键词，以期为"互联网＋"时代开展混合式学习设计提供理念指导。

本章包括 3 节内容、11 个条目。

第五章 混合式学习设计模式

第五章的学习目的在于让同学们理解混合式学习设计的典型模式以及核心目标导向的混合式学习设计模式，以便更好地设计高质量的混合式教学。

本章包括 2 节内容、8 个条目。

第六章 混合式学习的目标设计

第六章的学习目的在于让同学们了解并掌握混合式学习的目标设计的过程与方法，并能够运用这些方法开展混合式学习的核心目标设计与细化目标设计。

本章包括 3 节内容、9 个条目。

第七章 混合式学习的学习体验设计

第七章的学习目的在于帮助同学们了解并掌握混合式学习的学习体验设计的过程与方法，并能够运用这些方法开展混合式学习的学习体验设计，包括混合式学习模式与策略设计、启发性话题与情境设计、学习活动与路径设计。

本章包括 5 节内容、16 个条目。

第八章 混合式学习的学习支架设计

第八章的学习目的在于让同学们了解并掌握混合式教学学习支架设计的具体内容及方法，并能够运用这些方法开展混合式学习的支架设计，包括不同阶段的混合式学习活动支架设计与学习支持的支架设计。

本章包括 3 节内容、11 个条目。

第九章 混合式学习的技术工具

第九章的学习目的在于让同学们了解混合式学习的技术工具，能够根据混合式学习模式和学习活动的需要选择恰当的平台和技术工具支持。

本章包括 7 节内容、25 个条目。

第十章 混合式学习的评价设计

第十章的学习目的在于让同学们理解并掌握混合式学习的评价设计的方法策略。具体包括两个维度：一个维度是混合式学习中如何设计对学生的评价活动；另一个维度是如何对教师的整个混合式学习进行评价。

本章包括 2 节内容、10 个条目。

课程编排特点

课程包括 10 章，每章内容主要由本章概述、内容导图、本章学习目标、读前反思、章内栏目(学习内容、本节学习目标、Tips、案例、小结、名家语录或其他提示、学习活动建议、本章小结、关键术语、体验练习等部分组成。

本章概述

概述本章的主要内容和每节组成。

内容导图

章结构图呈现了本章的课程内容、课程目标以及学习方法。

本章学习目标

呈现了每一章的学习目标。

读前反思

以问题导入的形式引出学习内容，提出本章重点关注的内容。

章内栏目

·学习内容。章划分为节和目展开内容的学习，并以项目式学习活动贯穿其中。

·本节学习目标。每一节学习内容开始之前，都有具体的节学习目标。

·Tips。Tips 是对原有学习内容的拓展和补充。

·案例。学习活动以案例分析的形式呈现，包括案例题目、案例内容和问题思考。案例按照"章号．案例序号"加以编号，如案例 2.1 表示第二章的第一个案例。

·小结。每节内容结束后，都有对本节内容的总结和分析。

名家语录或其他提示

每节内容结束后，都有与内容相关的语录做提示。

学习活动建议

每章内容结束后都有提供给学生如何开展本章学习活动的建议。

本章小结

每一章学习内容结束后都编写了本章小结，用以回顾本章学习的重要内容。

关键术语

每一章学习内容结束后，都有对本章关键术语的中英文对照，对本章的关键术语进行回顾。

体验练习

需要通过体验练习检查本章内容的学习效果，有判断题、简答题、论述题等题型。

课程教学建议

"混合式学习设计"是一门兼顾理论与实践的基础课程。大多数学生在接触这门课之前，对于混合式学习设计的认识都很模糊。混合式学习环境下的教学设计与传统的教学设计形式差异较大，因此混合式学习设计的课程教学有其特殊性。

在教师教学方面，其一，采用混合式教学开展课程教学，为同学们示范混合式教学，让同学们在体验中学习混合式教学；其二，采用项目式教学、设计性学习的教学

6

模式，让同学们在设计中学习，培养同学们的设计能力和实践能力。为此，本书为教师提供了教学活动建议，辅助教师完成课程的教授。

在学生学习方面，除了课堂的听讲和课后阅读之外，应采用多种方式获得学习经验，培养学生的自主学习能力。考虑到本书学习对象的多样性，会存在经验欠缺和自主学习能力薄弱的问题。因此，本书为学生提供了学习活动建议，辅助学生达成学习目标。

课程评价方法建议

由于评价方式会影响学生的学习方式，建议在课程的开始阶段公布课程评价的具体方法以及评价标准，并结合实际情况和学生需求做出适当修改。

为了培养学生的学习兴趣，鼓励学生积极参与，建议本课程采用形成性评价和总结性评价相结合的方式进行评级。形成性评价的结果评定可结合学生的课堂表现、作业、实践报告、讨论和评价的数量及质量等；总结性评价可以通过期中考核、期末考核来完成。

课程学习时间建议

本课程计划总学习时间为 47 小时，平均每周 3 小时，共 3 个学分，具体时间分配如表 0-1 所示。

表 0-1　本课程学习时间分配说明

章内容学习时间	节内容学习时间	学习进度
课程概述 （3 小时）		第 1 周
第一章　混合式教学的 起源与发展 （6 小时）	第一节　混合式教学的背景 （1 小时）	第 2～3 周
	第二节　混合式教学的发展历史与现状 （1 小时）	
	第三节　混合式教学的发展阶段与概念演变 （2 小时）	
	第四节　混合式教学的教学目的及作用演变 （2 小时）	
第二章　混合式教学的 理论基础 （3 小时）	第一节　混合式教学的认识论基础 （1.5 小时）	第 4 周
	第二节　混合式教学的教法学基础 （1.5 小时）	

续表

章内容学习时间	节内容学习时间	学习进度
第三章　混合式教学的准备 （2 小时）	第一节　机构的准备：态度与能力的准备 （1 小时）	第 5 周
	第二节　教师的准备：态度与能力的准备 （1 小时）	
第四章　混合式教学的 设计原则 （3 小时）	第一节　混合式教学设计的价值取向 （1 小时）	第 6 周
	第二节　混合式教学设计的三个转变 （1 小时）	
	第三节　混合式教学设计的三个关键词 （1 小时）	
第五章　混合式学习 设计模式 （3 小时）	第一节　混合式学习设计的典型模式 （1 小时）	第 7 周
	第二节　核心目标导向的混合式学习设计模式 （2 小时）	
第六章　混合式学习的 目标设计 （6 小时）	第一节　什么是教学核心目标 （1 小时）	第 8～9 周
	第二节　核心目标设计 （3 小时）	
	第三节　细化目标设计 （2 小时）	
第七章　混合式学习的 学习体验设计 （6 小时）	第一节　什么是学习体验 （1 小时）	第 10～11 周
	第二节　混合式学习模式与策略设计 （1 小时）	
	第三节　启发性话题与情境设计 （1 小时）	
	第四节　混合式学习活动整体设计 （2 小时）	
	第五节　混合式学习路径设计 （1 小时）	

续表

章内容学习时间	节内容学习时间	学习进度
第八章 混合式学习的学习支架设计（6 小时）	第一节 什么是学习支架（1 小时）	第 12～13 周
	第二节 混合式学习活动的支架设计策略（2 小时）	
	第三节 混合式学习支持的支架设计策略（3 小时）	
第九章 混合式学习的技术工具（6 小时）	第一节 混合式学习环境中技术工具选择的原则（1.5 小时）	第 14～15 周
	第二节 混合式学习平台的选择（2 小时）	
	第三节 支持教师讲授与资源学习的技术工具（0.5 小时）	
	第四节 支持教学组织与管理的技术工具（0.5 小时）	
	第五节 支持师生互动的技术工具（0.5 小时）	
	第六节 支持生生互动与协作的技术工具（0.5 小时）	
	第七节 支持学习评价与反馈的技术工具（0.5 小时）	
第十章 混合式学习的评价设计（3 小时）	第一节 设计混合式学习评价活动的方法（1.5 小时）	第 16 周
	第二节 整体评价混合式学习的方法（1.5 小时）	

第一章

混合式教学的起源与发展

本章概述

　　本章旨在让同学们全面了解混合式教学的背景、历史、现状和发展演变，了解混合式教学在整个教学体系中的重要作用。简言之，本章重点厘清混合式教学的概念和内涵，回答"何为混合""为何混合"的问题。本章共包括 4 节内容。第一节介绍混合式教学的产生背景。第二节介绍混合式教学的发展历史与现状。第三节介绍混合式教学的发展阶段与概念演变。第四节介绍混合式教学的教学目的与作用演变。

内容导图

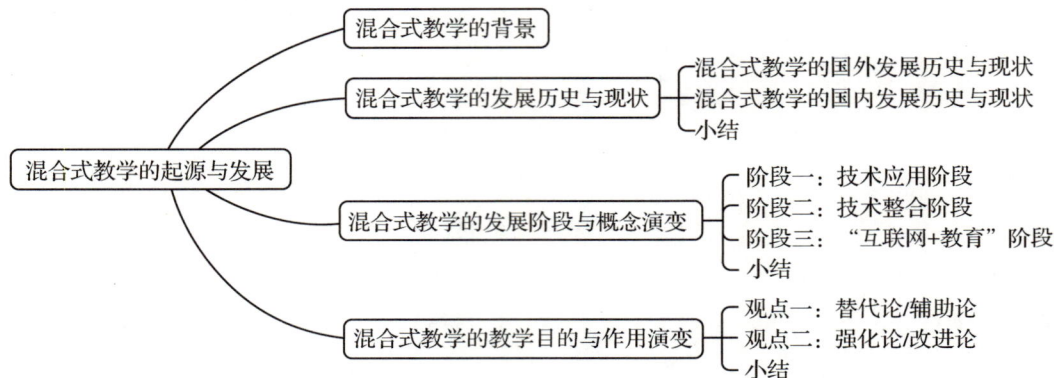

学习目标

1. 陈述混合式教学的概念及演变。
2. 简述混合式教学的发展阶段。
3. 概述混合式教学的目的和作用。

读前反思

第一章介绍了混合式教学的发展阶段与概念演变以及在实践中的应用目的和范围。在学习本章之前，请你想一想：

1. 请你回忆一下在学习、生活过程中已接触或了解过的混合式教学有哪些。

2. 在选课时，你是否愿意选择采取混合式教学的课程？请思考有哪些选择该课程的原因？

3. 你是如何理解当前混合式教学的概念和特征的？

4. 你认为混合式教学在课堂教学中发挥着什么作用？对学生学习发挥什么作用？对教师教学发挥什么作用？

章内栏目

最近某学校在推广混合式教学模式，要求全校教师在有条件的情况下，尽可能开展混合式教学。王老师负责教授物理科目，多年课堂教学经验使得王老师自信于对课堂内容和节奏的把控。然而一提到混合式教学，王老师就犯了难，"混合式教学就是线下与线上的结合吗？开展混合式教学是否就是要做线上资源，把部分讲授内容放到网上？"

混合式教学到底是什么呢？希望本章学习结束后，你能对混合式教学有系统的认识。

第一节
混合式教学的背景

　　混合式教学最早起源于美国的企业培训，随着 E-learning 的兴起和发展，混合式教学逐渐得到人们的高度关注。数字化时代的到来使得信息技术领域得到了迅速发展。混合式教学逐渐成为各国教育领域的重点关注对象，开始从企业培训被转移到学校的教育教学实践中，形成了线上、线下教学高度融合的教育模式。

　　自 2003 年何克抗教授首次将混合式教学概念引入后，我国的混合式教学迅速发展。有学者专门对混合式教学的发展阶段进行了梳理，按照不同时期对混合式教学的研究热点将混合式教学划分为三个阶段：第一，起步期（2004—2009 年），此阶段主要关注基本概念、基本理论和基本模式的探索；第二，迅速发展期（2010—2014 年），此阶段主要聚焦于网络教学、混合式教学的支持服务以及网络资源的利用和开发；第三，高潮发展期（2015 年至今），此阶段主要关注混合式教学模式的探索。另外，冯晓英以混合式教学的概念演变为参照，将混合式教学划分为三个阶段：第一，技术应用阶段（20 世纪 90 年代末—2006 年），此阶段关注技术视角，重点强调的是互联网技术在教与学中的核心作用；第二，技术整合阶段（2007—2013 年），此阶段关注教师视角，重点强调混合式学习环境给交互带来的变化；第三，"互联网＋教育"阶段（2014 年至今），此阶段关注学生视角，并强调以学生为中心，被重新理解为一种新的"学习体验"，关注利用互联网、移动技术和面对面教学为学生创造一种真正高度参与的个性化的学习体验，是对课堂教学的提升与改进（冯晓英等，2019）。从混合式教学的发展阶段可以看出，当下正是混合式教学的迅速发展阶段，混合式教学受到了广大教育实践者与研究者的密切关注。在"互联网＋教育"的背景下，混合式教学呈现井喷式发展，正在成为未来教学的"新常态"。

　　国内外研究者已经达成共识：混合式教学应当有自己独特的教学法。混合式教学的教师不能简单复制传统课堂教学的教学法，而必须具备此类专门的教学法所需要的知识和能力，才能成功开展混合式教学。在实践领域，混合式教学模式正在逐步取代纯线上、纯线下的教学模式，成为课堂教学的主流模式。混合式教学设计成为教学改革实践中的一个难点。新时代教师和教育工作者必须了解这种新的教学模式以及有效开展混合式教学的方法。

12

Tips 👆

　　在本课程的学习过程中，除了要重视相关理论知识的学习之外，还要注重培养自己的混合式教学能力。在小组合作设计课程的过程中，加深对混合式教学设计的理解并提升自己的混合式教学设计能力。

名家语录

使学生对一门学科有兴趣的最好办法是势必使之知道这门学科是值得学习的。

——布鲁纳

第二节
混合式教学的发展历史与现状

🎯 **本节学习目标**

1. 了解国内外混合式教学的产生背景。

2. 概述国内外混合式教学的发展历程。

　　"互联网+"时代的来临以及社会对高素质人才日益迫切的需求促使教育领域不断突破现状，寻求新的发展。混合式教学为互联网推动教育变革提供了一种可持续发展的新思路。混合式教学丰富的理论研究与教育教学实践使得教育领域中各角色对其发展都抱有积极的预期，它被认为是未来教学的"新常态"。本节主要介绍了混合式教学的发展历史，希望使同学们能够对混合式教学在国内外的发展历程及现状形成初步的认识。

一、混合式教学的国外发展历史与现状

（一）产生背景及发展历程

　　20 世纪 90 年代以来，国外计算机网络技术的迅速发展和普及促进了教育的现代化，网络教学成为教育领域和企业培训领域共同关注的热点。尽管互联网技术的发展使得在线课程的数量陡增，但是国外的网络学习发展已进入了瓶颈期。2001 年美国培

训与发展协会（American Society for Training & Development）①的年度报告显示，80％的企业培训仍然采用课堂教学的形式，大部分网络课程在前期投入了大量的硬件成本和人力成本，但最终的教学效果却不尽如人意。

21世纪初，由多位美国教育学、教育技术学专家共同商讨编写的《美国教育部教育技术白皮书》中指出："网络教学与传统的课堂教学都能达成一定的教学目标，二者均不可替代""网络教学辅助学校教育开展，能够补充传统教育的功能和形态"。这一报告的发表为网络教学与传统学校教育的融合提供了新的思路。教育研究者和一线教学人员、培训人员通过大量的实践，对网络教学如何与传统学校教育有机结合进行了多角度的反思。混合式教学这一新的教学范式就此形成。

混合式教学创造性地将传统面授教学即时性强、互动性好的优点与网络在线教学灵活性高、可利用资源多的长处进行整合，从而用有限的成本实现了更好的教学效果。国外对混合式教学的认识随着教学实践的深入也在发生着转变：最初的技术视角将混合式教学看作是线上、线下的简单结合，部分学者关注技术的应用，另一部分学者则关注教师的混合式教学策略，随着移动信息技术的发展和"以学生为中心"的新的教学观念的出现，混合式教学的内涵变为了真正高度参与的、个性化的学习体验。

（二）研究与应用现状

国外对混合式教学的研究主要分为对混合式教学概念的研究、对混合式教学设计与实施的研究以及对混合式教学评价的研究。如上所述，国外对于混合式教学概念的认识在逐步变化。发展至今，学者们更倾向于将混合式教学理解为一种内在的学习体验（Smith，2014），而不只是技术的应用和多种教学形式的混合。对混合式教学设计与实施的研究分为理论框架的搭建和混合式教学模式的研究。加里森等人（Garrison，Anderson & Archer，2001）基于其丰富的网络教学经验，从社会建构主义的视角出发，构建了探究社区理论框架。这一框架提出社会临场感、教学临场感和认知临场感是网络教学的三个关键要素，而只有这三者都处于较高水平时，有效学习才会发生。国外对混合式教学的研究主要关注具体化。例如，混合式教学交互的设计（Poon，2013）、教学策略的设计（Miyazoe & Anderson，2011）等。对于混合式教学的评价，探究社区模型是目前应用最广泛、体系最完备、相对最成熟的评价框架。

《新媒体联盟地平线报告》从2012年至2017年连续六年将"混合式教学设计"列为促进高等教育领域技术运用的关键趋势。由于国外的互联网技术发展十分迅速，混合式教学开展得也较早。哈杰鲁特（Hadjerrouit）在2006年开设了面向大一学生的入门级

---

① 美国培训与发展协会（American Society for Training & Development），ASTD，成立于1944年，是企业培训和绩效评估领域的最大职业协会，拥有丰富的培训资源。

Java 编程课，该课程为期 15 周，分为三个阶段，即概念化阶段、建构阶段和对话阶段 (Hadjerrouit，2008)。科斯(Köse)在 2010 年设计了一种混合式的学习模式以供土耳其一所高中进行数学课程的教学。澳大利亚的一所地方性大学为本科生开设了一门公共课程——"人类发展"课程，采用了混合式教学的方式(George & Keeffe，2010)。阿丽娜 (Arlina)等人在 2018 年针对幼儿教育教师设计了混合式的培训课程。总体来看，国外的混合式教学在多个领域均有较广泛的应用，如基础教育、高等教育和企业培训领域等。由于医学课程对理论性和实操性的要求都比较高，因此混合式教学在国外的医学课程中应用最为普遍。

案例 1.1

"人类发展"课程

"人类发展"课程是澳大利亚的一所地方性大学为大学本科生开设的一门公共课程。本课程采用了混合式教学的方式，是"线下为主＋自主协作式"的混合式教学课程。在混合式教学中，学生在教学资源平台上自主学习。

网络教学形式包括课程视频库、PPT 课件、测试题库、网上教学辅导、在线评价等。课程视频是将教学内容以小节为单位，寻找或录制相关视频资源。学生根据自己的实际情况点播视频学习。教师将教学活动设计为教学目标、内容、作业三个模块内容，学生可以参照模块内容进行自主学习。平台还设置了讨论和答疑区，学生之间结成学习小组在线学习和交流，师生在平台上进行即时的互动和指导。教师布置作业和任务，学生要及时完成作业并提交到平台上，教师再对学生上传提交的作业进行评价与反馈。此外，可将与学科有关的视频、时事动态、学术研究做成专栏，供学生随时随地了解。

通过让学生在课堂中自由组成学习小组进行讨论、成果汇报、作品展示等教学活动，让学生积极参与到教学活动中。与传统的课堂教学不同，在混合式教学中，教师根据教学重难点、学生在线测评反馈等安排课堂教学内容而不是对全部课本知识进行讲解。

学生通过学习"人类发展"课程，能够意识到自己的学习以及情境需求和偏好，并能够选择适合自己不断变化的需求的学习模式。

【问题思考】

(1)该案例中的教学方式与传统的课堂教学有何不同？你认为最大的区别在哪里？

(2)结合以上案例及其他熟悉的案例，思考与传统的课堂教学相比，混合式教学的优势体现在哪里。

二、混合式教学的国内发展历史与现状

(一)产生背景及发展历程

国内的混合式教学概念的流行相对较晚。2000 年,教育部发布的《关于支持若干所高等学校建设网络教育学院开展现代远程教育试点工作的几点意见》中,将探索网络教学模式、提高网络课程的教学效果提上了日程。何克抗基于其参加三次国际教育技术会议后的思考指出,"混合式教学的被广泛认同表明教育技术界的教育思想观念正在经历又一场深刻的变革"(何克抗,2004)。政策的大力支持和国际教育技术领域的推崇使得他的言论一经发表就引发了国内教育技术领域研究者和实践者对混合式教学这一新的教学范式的关注热潮。混合式教学由此在国内得以大范围开展。

在混合式教学在国内逐渐发展的过程中,学界对于这一新的教学范式的认识也逐渐趋于一致。何克抗认为,混合式学习"结合传统学习的优势和 E-learning 的优势,既发挥了教师引导、启发、监控教学过程的主导作用,又充分体现了学生作为学习过程主体的主动性、积极性和创造性"。这一认识与国际教育技术学界的观点较为一致,充分地体现了混合式教学背后的教育观念的转变。祝智庭等人(2003)强调了 Singh 和 Reed 对混合式学习的定义中的五个"适当的",对混合式教学的使用时机、学习技术和风格的契合、学习者以及培养的能力目标都提出了一定的要求,从而达到了最好的学习效果。于春燕等人(2018)则认为,混合式学习融合了线上学习和线下学习两种形式,在具体实施时体现在多种教学形式的混合、多种教学媒体的混合以及多种网络学习平台的混合等方面。

综合来看,尽管国内学者在描述混合式学习时措辞不同,但目前已达成共识:混合式教学的关键在于结合传统线下学习与线上学习的优势以达到更好的学习效果,其技术手段和教学方法是多样的。

(二)研究与应用现状

目前国内对混合式教学的研究较国外还不够丰富,主要集中在混合式教学概念、模式的研究上。国内在混合式教学概念方面的研究更多的是引入国外的研究成果,对混合式教学的认识稍显滞后。国内对于混合式教学模式的研究较多,但研究成果缺乏科学性。冯晓英等人(2019)对国内文献分析后发现,混合式教学模式的研究有三个重点。重点一:构建混合式教学模式,强调混合式教学中的活动设计(马婧等,2018;郑燕林等,2018)。重点二:技术环境视角,此类研究大多从支持混合式教学的技术环境视角出发探讨混合式教学模式的构建(多召军等,2018;叶荣荣等,2012)。重点三:

三段式，此类研究所构建的混合式教学模式最终落脚为课前—课中—课后的三段式模式（姚巧红等，2018；马婧等，2018）。

在政策支持以及日渐多样的学习需求的推动下，我国混合式教学的主要应用领域有高等教育领域、继续教育领域以及企业培训，在基础教育中的应用相对较少。此外，已有调查研究发现，尽管国内高校教师已在开展不同程度的混合式教学，但大多数在线学习仍然只是辅助、补充和促进课堂面对面教学，传统的教学模式和方法并未发生本质改变（郑静，2018）。杜世纯等人（2016）指出我国混合式教学在实践中主要存在着适用性问题、认知问题、组织问题、评价问题以及基础设施的限制问题。综合来看，虽然混合式教学近年来开始在国内得到大范围开展，但实际的教学效果还有待进一步提升。

案例 1.2

"西方风景园林艺术史"课程

"西方风景园林艺术史"课程是上海交通大学设计学院风景园林系的于冰沁副教授为本科生开设的通识教育课程。本课程采用了混合式教学的方式，属于"线下为主＋交互/协作式"的混合式教学课程。在本课程中，主要使用了中国大学 MOOC 平台、雨课堂、VR 虚拟现实技术工具等线上学习工具与资源。

在授课前，教师通过雨课堂发布课程预告，引导学生提前预习，并通过"难点报告"反馈学生对知识点的理解程度。另外，在每一次线下授课开展前期都让学生利用雨课堂完成教师推送的前测，回顾与巩固上一个教学单元的知识点。课前的导入以视频、游戏或竞猜的形式进行。课堂上，教师进行知识点讲授、强化知识点记忆，让学生利用线上平台发布弹幕参与讨论，通过线上或面对面游戏加强师生互动，提升学生参与度。应用混合式教学模式后，学生对课程的总体满意度约提升了14％，对教学方法的认可度约提升了14％，对教学方法的认可度约提升了34％，认为案例的适宜性约提升了27％等。

【问题思考】

（1）请你思考，在本案例中，线上与线下的教学活动分别起到了什么作用？

（2）请你思考，在本案例中，教师为学生的学习提供了哪些支持？

三、小结

混合式教学在网络学习逐渐式微时出现，成了教育技术思想观念变革、教育技术理论进一步发展的标志（何克抗，2004）。这一节内容重点关注了国内外混合式教学的产生背景和发展历程，并对当前混合式教学的研究和应用现状进行了初步概述。

通过学习本节内容，希望同学们能够更加全面清晰地了解混合式教学在国内外的发展历史与现状。

名家语录或其他提示

　　无论课堂教学怎么有趣，无论教师怎么努力地把课堂教学组织得尽善尽美，如果少年的智力需求被局限于上课的话，他们对上课就不会感兴趣。对那些课外很自然得到的知识，少年们都很重视，很珍视；一个人总是特别珍惜通过自己的努力取得的东西。

——苏霍姆林斯基

第三节
混合式教学的发展阶段与概念演变

🎯 **本节学习目标**

　　1. 了解混合式教学的概念。

　　2. 知晓混合式教学的发展阶段。

　　尽管对混合式教学已有公认的、比较宽泛的定义，但是自 20 世纪 90 年代末发展至今，混合式教学的概念仍经历了一个越来越清晰化的演变过程。并且诸多研究在概念层面就回答了"如何混合"和"如何有效混合"的关键性问题，在理论层面回应了混合式教学设计的角度和重点、实施的场景和路线。

　　本节以混合式教学的概念的演变作为划分发展阶段的主要依据，介绍了混合式教学的三个发展阶段及各阶段的关注重点、关注角度，并从物理维度和教学维度两个维度分析了不同阶段混合式教学的概念演变路径（如表 1-1 所示）。

表 1-1　混合式教学的三个发展阶段

阶段	关注重点	关注角度	物理维度	教学维度
阶段一：技术应用阶段 （20 世纪 90 年代末—2006 年）	信息技术	技术视角	在线与面授的结合	技术的应用
阶段二：技术整合阶段 （2007—2013 年）	交互	教师视角	明确在线的比例	教学策略与方法的混合
阶段三："互联网＋教育"阶段 （2014 年至今）	以学生为中心	学生视角	移动技术、在线、面授的结合	学习体验

> **Tips**
>
>   理解混合式教学的三个发展阶段有助于加深对混合式教学的认识。在此认识的基础上，才能完成更有针对性的"以学生为中心"的混合式教学设计。

一、阶段一：技术应用阶段

自 2000 年开始，混合式教学已经开始引起国内外学者和实践者的关注。此阶段对混合式教学的定义主要强调其物理特性，最有代表性的为美国斯隆联盟（Sloan Consortium）[①]的界定："混合式教学是面对面教学与在线教学的结合，糅合了两种历史上各自独立的教学模式：传统的面对面教学与在线学习。即在教学内容上结合了一定比例的在线教学及面对面教学"（Bonk et al.，2009；Allen，Seaman & Garrett，2007）。

在教学特性上，此阶段的混合式教学主要被理解为一种新的学习方式，重点强调技术在教与学中的核心作用。琼斯等人（Jones et al.，2006）依据信息技术在混合式教学中的应用方式和应用深度，将这段时期的混合式教学划分为四个层次：第一，没有技术支持的纯面授教学；第二，信息技术基本应用，例如，应用信息技术举办讲座和内容呈现；第三，信息技术促进教学，例如，应用信息技术发布课程公告、课程讲座、学习资料及开展简单交流；第四，信息技术主导，例如，以技术为基础开展在线讨论、测试、在线交互等。显然，在这个阶段，学者和实践者将混合式教学看作面对面教学与在线教学之间的过渡，是二者基于信息技术的简单结合，而技术应用的多少成为关键的划分标准。

二、阶段二：技术整合阶段

2007 年以后，随着实践与研究的发展，其定义逐渐清晰化。一方面，在物理维度开始尝试对面授教学与在线教学的比例界定，从而把混合式教学真正与面授教学、在线教学分离开来，将其作为一种独立的教学模式而不是一种过渡性的教学模式来看待。例如，斯隆联盟首先更新了其对混合式教学的定义，明确只有"30%～79%的教学内容是采用在线教学"的，才能称为混合式教学（Allen，Seaman & Garrett，2007）。米恩斯（Means）等人（2013）则进一步明确为"纳入考核部分的教学内容中，25%以上采用在线教学"。

[①] 美国斯隆联盟（Sloan Consortium）是由斯隆基金会赞助的，致力于推动和促进在线教育与高等教育融合及提升全美高校在线教育质量、规模和有效应用的非营利专业组织。

另一方面，此阶段对混合式教学在教学维度的界定有了重要发展。学者们开始更多地从教学策略、教学方法的角度界定和关注混合式教学，关注在线教学与面授教学相结合的混合式学习环境下的教学设计。这个阶段混合式教学的概念重点关注"交互"，关注混合式学习环境给交互带来的变化以及相应的教学设计的改变。最有代表的是布吕克（Bliuc）等人（2007）的界定：混合式学习描述了一种新的学习方式，实现了学生与学生、学生与教师、学生与资源之间面对面交互与在线交互的结合。

为此，有学者称混合式教学是"教学模式的根本变革与再设计"，并提出了混合式教学的三个特征：第一，由以教师为中心转向以学生为中心；第二，增强了学生与学生、学生与教师、学生与内容、学生与外部资源之间的交互；第三，采用形成性评价与总结性评价相结合的评价机制（Yen & Lee，2011）。

三、阶段三："互联网＋教育"阶段

随着互联网与移动技术的迅猛发展，特别是"互联网＋"时代的到来，混合式教学的概念也有了新的理解。在物理维度，移动技术的应用被正式纳入混合式教学的概念中。混合式教学的概念由"在线教学与面授教学的混合"，正式演变为"基于移动通信设备、网络学习环境与课堂讨论相结合的教学情境"（Wasoh，2016）。

在教学维度，混合式教学被重新理解为一种新的"学习体验"。在经历了前两个阶段技术视角、教师视角之后，人们对混合式教学的理解终于落到了学生视角，开始关注混合式学习带给学生的改变、对学生学习的支持。越来越多的学者指出，混合式教学并不是简单的技术的混合，而是为学生创造一种真正高度参与的、个性化的学习体验（Smith，2014）。这个阶段混合式教学的重点是"以学生为中心"。古德伊尔（Goodyear）等人（2015）就强调：所谓混合，不仅仅是面授教学与在线教学的混合，更是"以学生为中心"的学习环境下教学与辅导方式的混合。

四、小结

我们可以看出，混合式教学概念演变的三个阶段，是对混合式教学物理特性的关注逐渐弱化而对其教学特性逐渐强化的过程。

在不同的历史发展时期，随着技术的进步、课堂教学价值取向的变动和对学生学习本质的探究，混合式教学的内涵也在发生着变化。"互联网＋"时代，学习的本质与内涵也发生了变化，学生不仅需要共性的、标准化的知识习得，更追求对个性化知识、创造性能力和深度思维及素养的自我建构与生成。因此，从物理维度和教学维度两个方面来讲，"互联网＋"阶段的混合式教学已经不再是简单的学习方式的组合，而是在线学习、移动学习与面授学习的充分融合，其本质是为学生创建一种真正高度参与的、个性化的学习体验，助力学生达成高度认知参与、个性思维发展和深度情感内化的学习结果。

"互联网＋"时代下的混合式教学是能够带来教学模式与教学设计变革的一类新的学习范式，是对教学模式的根本变革和再设计。

名家语录或其他提示

如果没有好奇心和纯粹的求知欲为动力，就不可能产生那些对人类和社会具有巨大价值的发明创造。

——哈佛大学原校长陆登庭

第四节
混合式教学的教学目的及作用演变

◎ 本节学习目标

1. 概述混合式教学的目的。
2. 概述混合式教学的作用。

从技术应用的角度看，当前的在线教学与早期的远程教育已经有了很大不同。当前的混合式教学与早期的混合式教学已经有了很大的差异，其中一个非常大的变化是混合式教学的目的。人们对混合式教学的目的和作用的不同理解，直接导致了不同时期混合式教学研究重点的不同。

一、观点一：替代论/辅助论

关于混合式教学的目的和作用，第一种观点是"替代论/辅助论"。在线教育与混合式教学发展早期，很多机构和学者倡导在线教学的目的是出于对经济性的考量，认为在线教学可以替代课堂教学，从而实现节省成本、提高便利性的目的。在这种观点的支持下，混合式教学作为面授教学与在线教学的过渡方式，被视为在线教学的辅助——在难以实现纯在线教学的情况下，通过发挥信息技术的作用以"部分替代"课堂教学。

这种观点在混合式教学发展的前两个阶段较为普遍。近年来，仍有少数学者持有这种替代论的观点。在欧美，近年来在政府和高校对混合式教学的大力支持下，仍有部分学者和实践者认为，混合式教学就是用在线学习来替代部分课堂教学，其主要作用在于帮助解决大班教学的有效性和教室空间不足的问题。

持"替代论/辅助论"观点的学者和实践者重点关注：在线教学/混合式教学作为课堂教学的替代，是否能够达到与课堂教学同样的教学效果？2010 年以前，我们可以看到有相当多的研究在努力证明这一点。研究结果显示，这种"替代论/辅助论"观点下的混合式教学，只能取得与课堂教学相当的教学效果，并不能取得比课堂教学更好的教学效果。

二、观点二：强化论/改进论

教学模式

教学模式俗称大方法。它不仅是一种教学手段，而且是从教学原理、教学内容、教学的目标和任务、教学过程直至教学组织形式的整体、系统的操作样式，这种操作样式是加以理论化的(叶澜，1993)。

2010 年以后，随着混合式教学概念的演变，关于混合式教学的目的的"强化论/改进论"开始出现。混合式教学的目的和作用不再是面授课堂的部分替代、在线教学的辅助，而是促进、提升、改进课堂教学，提升、改善学习效果。一方面，混合式教学既能够取面授教学与在线教学二者之长，又能避二者之短；另一方面，混合式教学能够推动教学模式的变革，将移动终端、互联网等信息技术有机地整合到学习活动和课程中，创建以学生为中心的学习环境；能够根据课程、学生、教师的需求，设计、选择恰当的教学模式和学习支持，为学生提供真正个性化的、有针对性的学习体验。

> **Tips** 👈
>
> 事实上，混合式教学不是简单地将线下教学的知识与内容搬到线上，而是为了促进、提升、改进课堂教学。混合式教学是以提升学生的学习体验、改善学习效果为目的的。

因此，持这种观点的学者和实践者重点关注：相比于课堂教学或在线教学，混合式教学是否能够取得更佳的教学效果？混合式教学在哪些方面强化并改进了课堂教学的效果？而近年的实践和研究结果表明，这种"强化论/改进论"观点下的混合式教学，确实能够达到比课堂教学更佳的教学效果和教学有效性。

三、小结

我们看到信息技术与课堂深度融合的实践中，以翻转课堂为代表的混合式教学模式的应用，不仅充当着辅助面授教学的角色，更多地担任着优化学生学习体验、提升学生学习效果的角色。教师基于对学生的学习状态的把控，人为地切割、组合学习内容，帮助学生开展基础知识的线上自主学习、难点问题的线下研讨式学习，提升其学习效率和学习体验。

名家语录或其他提示
教学的目的是培养学生自己学习，自己研究，用自己的头脑来想，用自己的眼睛来看，用自己的手来做这种精神。

——郭沫若

🔍 学习活动建议

建议学生可以采取分组协作、收集资料的形式开展学习，各小组分别协作收集资料后进行交流讨论，共享资源，基于资源和案例开展本章学习。

本章小结

本章主要介绍课程概况和混合式教学的发展路径、概念演变。混合式教学经历多年的发展，逐渐成为教学的"新常态"。混合式教学相继经历了技术应用阶段、技术整合阶段，目前正在经历"互联网＋教育"阶段，此阶段关注以学生为中心，创设高度参与、个性化的学习体验。混合式教学的教学目的和作用演变经历两个阶段：替代论/辅助论、强化论/改进论。

总结＞

🌐 关键术语

学习体验　Learning Experience

混合式学习设计　Blended Learning Design

学习技术　Learning Technology

应用>

Aa　批判性思考

　　请你思考一下混合式教学为何逐渐受到人们的重视，从而得以不断发展。

✎　体验练习

　　一、简答题

　　1. 请你简述一下混合式教学的产生背景与发展历程。

　　2. 请你从关注重点、关注角度、物理维度、教学维度简要介绍一下混合式教学的三个发展阶段。

　　二、论述题

　　请你论述一下混合式教学的目的与作用。

混合式教学的理论基础

本章概述

　　本章是整个课程的理论基础，旨在帮助同学们了解混合式教学的认识论基础和教法学基础。本章共包括 2 节内容。认识论基础旨在帮助同学们理解混合式教学的本质、发生机制与方法，从而让学生进一步认识混合式教学的特殊规律，包括混合式教学的产生背景、影响混合式教学的因素以及对混合式教学解释度较高的学习理论等内容。教学法基础旨在帮助同学们了解指导教师如何设计和实施混合式教学的理论基础，包括混合式教学中教师的定位与职责以及混合式教学的教法学框架等内容。

内容导图

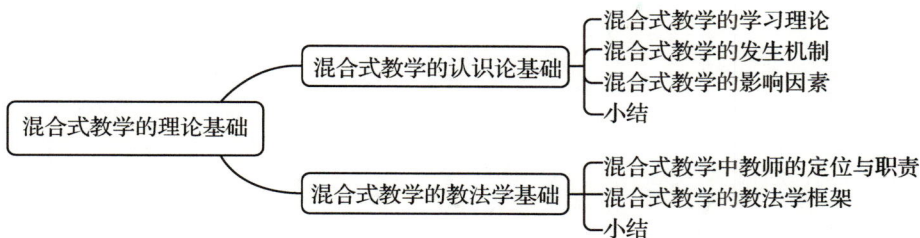

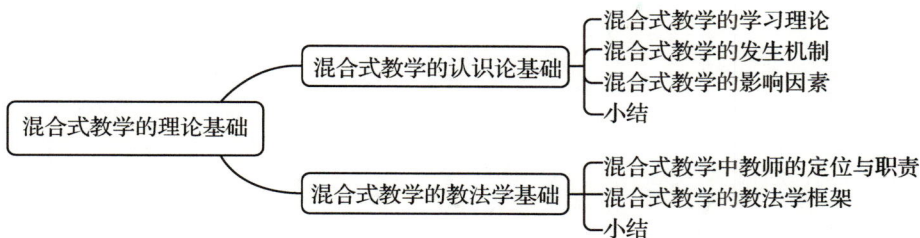 学习目标

1. 陈述混合式教学中有效学习的发生机制。

2. 概述混合式教学的学习理论。

3. 简述混合式教学中教师的定位与职责。

4. 概述混合式教学的教法学框架。

读前反思

　　第二章将深入了解混合式教学的认识论基础和教法学基础。在学习本章之前，请你想一想：

　　1. 在混合式教学的环境中学生的学习是如何发生的？

　　2. 你知道哪些学习理论？这些学习理论能用来解释混合式教学吗？

　　3. 你认为混合式教学中教师的定位与职责是什么？与传统面授课堂的教师相比，是否有不同之处？

章内栏目

　　吴同学是一名在校大学生，这学期她选修了一门"电影鉴赏艺术"课程。可是课程正式开始后，吴同学才发现这门课程和她上的其他课程都不一样，有的部分是在课堂中进行，而另外的部分则是在线上的学习平台中进行。一开始吴同学并没有觉得这样的课堂形式有什么好处，但渐渐地，她对这门课程的参与度越来越高，期末的时候竟然取得了全班最高的成绩。吴同学自己都有点儿迷糊："混合式教学究竟为什么能够让我充满学习动力，而且还学得这么好呢？""老师在这门课程中和以往教学中的角色有些不同，具体不同在哪里呢？"

　　这一章我们重点关注混合式教学中有效学习的发生机制以及教师的定位与职责，从认识论和教法学理论的角度出发进一步了解混合式教学。

第一节
混合式教学的认识论基础

🎯 **本节学习目标**

1. 概述混合式教学的学习理论。

2. 陈述混合式教学中有效学习的发生。

上一章对混合式教学的相关概念进行了简单的介绍，但我们要想深入理解混合式教学，还需要进一步了解混合式教学的学习理论基础。能够支持我们分析和解释混合式教学中有效学习发生的学习理论有哪些？有哪些创造性和发展性的理论能够解释和认识混合式教学？本节重点关注"互联网＋教育"阶段的混合式教学的认识论基础。经过这一节的学习，希望学生能理解以下三个混合式教学的关键问题：①哪种或哪几种理论最适宜解释混合式教学？②混合式教学中的学习是怎样发生的？③哪些因素影响混合式教学？

一、混合式教学的学习理论

布鲁姆教育目标分类法

布鲁姆教育目标分类法是一种教育的分类方法。教育目标可分为三大领域：认知领域、情感领域和动作技能领域。认知领域目标由低到高又分为知道、理解、应用、分析、综合和评价。

作为一种新的、灵活性很强的教学范式，混合式教学并没有唯一不变的学习理论。不同学段、不同情境、不同目标的混合式教学应当有具体的、不同的模式，因此也适合用不同的理论基础进行解释。不同的学习理论适用于不同的目标层次，行为主义、认知主义、建构主义、联通主义分别适用于布鲁姆教育目标分类中由低到高的认知领域目标(陈丽 & 冯晓英，2015)。

混合式教学的不同发展阶段的理论基础也在发生着变化(如表 2-1 所示)。在技术应用阶段和技术整合阶段的混合式学习适合用行为主义、认知主义理论来解释，适合于解释共性的标准化知识的习得。当前，第三阶段"互联网＋教育"的混合式教学被重新理解为一种新的"学习体验"，更关注学生视角，关注利用互联网、移动技术和面对面教学为学生创造一种真正高度参与的、个性化的学习体验，是对课堂教学的提升与改进（冯晓英等，2018）。"互联网＋教育"阶段的混合式教学适合用建构主义理论、联通主义理论来解释，分别适合于解释个性化知识的自主建构和创造性知识的生成。

表 2-1　混合式教学不同发展阶段的适用理论

发展阶段	适用理论
第一阶段：技术应用阶段	行为主义理论、认知主义理论
第二阶段：技术整合阶段	行为主义理论、认知主义理论
第三阶段："互联网＋教育"阶段	建构主义理论、联通主义理论

　　然而，不论基于哪种学习理论的混合式教学，加里森等人提出的探究社区理论都能够适用，是混合式教学通用的理论基础。探究社区模型是由加里森等人提出的对在线学生学习状态进行动态分析的理论模型。该模型提出了在线学习中影响学生学习效果的三种关键要素：社会临场感、教学临场感、认知临场感，并进一步指出只有三种临场感均达到较高水平时，有效学习才会发生（Garrison et al.，1999）。这一模型对于混合式教学中复杂多变的学习情况有极具针对性的指导作用，能够充分解释混合式学习环境有效学习成果的产出。

二、混合式教学的发生机制

　　"互联网＋教育"阶段的混合式教学的理论基础是建构主义理论和联通主义理论，这两种理论对于学习的发生机制有不同的解释。

　　建构主义理论认为，学习不是通过教师的直接传授得到的，而是学生在一定真实且复杂的情境中借助彼此间的协作和交流，经历一段自主探索的过程，在过程中实现与学习内容的充分交互，实现意义建构而获得的（李芒等，2007）。在建构主义理论中，情境创设、协作式探究和意义建构是学习发生的三个关键环节。

Tips

　　情境创设强调尽可能设计基于真实世界的复杂情境，使得学生在学习结束后能够较好地迁移利用所学知识解决实际问题。协作式探究包含师生协作、生生协作等形式，贯穿整个建构主义学习过程，对每一个学生学习进程的推进以及意义建构有十分重要的作用。意义建构是建构主义理论中教学过程的终极目标，是指学生通过一系列学习活动，对当前学习的内容所反映事物的性质、规律以及与其他事物的关系形成结构化认识。

按照建构主义理论，混合式学习正是在线上与线下相结合的学习环境中为学习者创设真实复杂的情境，促进学习者协作探究和意义建构的过程，从而促进学习的有效发生。萨蒙(Salmon)将网络学习过程分为五个阶段：访问课程和学习动机的激发、在线的社会化交互、信息交流、知识建构、自我发展，能够较好地解释基于建构主义的混合式学习(Salmon，2004)。

联通主义理论则解释了另一类混合式学习，此类混合式学习更能体现"互联网＋"时代学习的特点。联通主义理论认为学习存在于混沌、复杂、动态和碎片化的网络结点当中，学习不再是内化的个体活动，而是基于大规模的网络化和社会化的交互过程，学习主要是一个连接建立和网络形成的过程(Siemens，2005)。按照联通主义理论，学习就是在网络中不断寻径和意会的过程。在混合式学习环境中，大规模、网络化、社会化的线上交互可以帮助学生在混沌、复杂、动态的网络节点中寻找到关键结点，而线下活动则可以促进学生与关键结点的深层次交互与意会，从而促进学习的发生。

寻径

强调知识的导航和定向，即学习者运用社会和环境线索知道如何获取他所需要的信息。

意会

强调知识的内化和建构，即学习者对外界的知识信息进行意义建构，形成信息的节点。

建构主义理论与联通主义理论都强调了在社会化交互过程中学生自主的知识建构。不同之处在于，建构主义理论更适合解释混合式学习环境中个性化知识的习得，联通主义理论更适合解释混合式学习环境下创新性知识的生成。

案例 2.1

cMOOC 课程及实例

cMOOC 课程是基于联通主义理论的大规模在线开放课程，目前大多数 MOOC 平台中提供的都是基于行为主义的 xMOOC 课程，cMOOC 课程的数量则较少。cMOOC 课程的学习往往依赖于分布式的社交媒体，鼓励学生运用线索在庞杂的信息群中对所需知识进行导航定向并进一步内化建构，并以创新创造知识为课程的主要目标。在 cMOOC 课程中，师生关系是开放的，教师是学习的引导者而非知识的传授者。

北京师范大学互联网教育职能技术及应用国家工程实验室陈丽教授团队主持的"互联网＋教育：理论与实践的对话"是国内首个 cMOOC 课程，自 2016 年至 2020 年已成功开展四期，学生达 2000 人以上。该门课程以开放、共享、互动、创新为指导理念，旨在构建学生与典型创新企业、研究机构、关键人物以及核心资源之间的连接，形成包含实践者、研究者和管理者的"互联网＋教育"领域的综合性高端研究社区。

【问题思考】

(1)为什么基于行为主义的 xMOOC 课程在平台中应用更为广泛？

(2)为什么要以联通主义理论为指导构建 cMOOC？

三、混合式教学的影响因素

建构主义理论认为，学习是学生在一定的情境中借助教师和其他学生的帮助并依据自己的经验进行意义建构的结果(Bednar et al.，1991)。情境、协作、会话和意义建构是建构主义的四个关键要素。建构主义认为，知识具有一定的情境性，需要在具体情境中习得和应用；知识也具有一定的社会性，学习者之间只有通过不断的讨论、对话、协商才能获得对知识的深层次建构和理解(Jonassen & Henning，1999；钟志贤，2006；王志军 & 陈丽，2017)。基于建构主义理论的重要教学策略包括教学支架、交互式教学、同伴合作、认知学徒制等。

在联通主义理论中，学习的发生即网络的形成，包括人际网络、知识网络、概念网络(Siemens，2005)。交互、联通和网络形成是实现有效的联通主义学习的关键要素。联通指资源节点之间、人际节点之间能够相互发生联系，它是知识汇聚、流动、更新、生长的基础，是学习的关键(Siemens，2005)。交互是联通和网络形成的关键，包括操作交互、寻径交互、意会交互和创生交互(王志军 & 陈丽，2017)。

Garrison 等人基于加拿大开放大学阿萨巴斯卡大学在线和混合式教学的实践和社会建构主义理论，构建了探究社区模型理论，认为有三个关键要素影响混合式学习——社会临场感、教学临场感、认知临场感；只有当课程中的三种临场感均达到较高水平时，有效学习才会发生。社会临场感为学习者对课程学习的共同体认同的能力，即学习者在一个充满信任的环境中进行有意义的交流以及通过个性特征的充分展示来发展人际关系；教学临场感是教师或部分学习者通过设计、促进、指导在线活动帮助学习者实现个人意义建构和有价值的学习成果(Garrison et al.，2001)；认知临场感指学习者在一个探究学习社区中通过持续的交流与反思能够实现意义建构的程度。

探究社区模型自提出以来，在在线和混合式教学领域得到了广泛的应用和推广(Anderson，2008)。数以千计的学者对该模型的有效性进行了验证，并证明了这三个关键要素的相互影响(Richardson & Swan，2001；Kanuka et al.，2007)。该模型的有

30

效性并不仅限于在线教学和混合式教学,一些研究还证明其也适用于面对面的课堂教学(Kim et al.,2014)。不同的是,在传统课堂教学中,由于教室这个特定的物理空间所带来的面对面交互的便利性以及班级的稳定性等因素,使得通常情况下社会临场感与教学临场感会随着教学的开展自然形成,教师往往只需要把精力关注在认知临场感的建立上。而在混合式学习环境中,特别是在线学习或移动学习环节,教与学的时空分离导致了社会临场感与教学临场感的天然缺失。因此,在混合式学习中教师需要有意识地创设社会临场感、教学临场感和认知临场感这三个影响混合式学习的关键要素。

四、小结

这一节主要聚焦于混合式教学的认识论基础,包括混合式学习在不同发展阶段的学习理论基础、不同理论基础支持的混合式教学中,有效学习是如何发生的以及混合式教学的影响因素。通常我们并不判定这些理论孰优孰劣,而是认为不同的学习理论对于学习有不同的解释,因而适用于不同目标层次、不同情境的学习(陈丽 & 冯晓英,2015)。

建构主义理论和联通主义理论对理解"互联网+教育"阶段的混合式教学提供了理论基础,对影响学习的关键因素的分析,能够为混合式教学的设计与实施提供理论指导。建构主义理论认为,有效学习是学习者在复杂真实的情境进行协作和会话,从而实现知识内化、意义建构的过程,而联通主义则认为交互、联通和网络形成是实现有效学习的关键。Garrison 等人主要从社会建构主义出发,构建了探究社区模型。这一模型更加清晰地定义了影响混合式学习的三个关键因素,即社会临场感、教学临场感、认知临场感,并进一步指出只有三种临场感均达到较高水平时才会发生有效学习。

名家语录或其他提示

教学要合一,有三个理由:第一,先生的责任不在教,而在教学,而在教学生学。第二,教的法子必须根据于学的法子。第三,先生不但要拿他教的法子和学生学的法子联络,并须和他自己的学问联络起来。

——陶行知

第二节
混合式教学的教法学基础

本节学习目标

1. 简述混合式教学中教师的定位与职责。

2. 概述混合式教学的教法学理论框架。

上一节中我们探讨了理解混合式教学的三个关键问题，但这些似乎还不足以支持混合式教学的实践。面对全新的学习范式，混合式教学的教法学理论是实践和理论研究开展的基础。哪些教学理论和教学原理能够为混合式教学的开展提供指导？随着"人工智能＋教育"的热潮到来，教师在混合式教学中新的定位与职责又是什么，教师的哪些职能是难以被人工智能取代的？这一节我们将对以上内容进行探讨，进一步深入了解混合式教学中"教师以怎样的身份如何教"的问题。

一、混合式教学中教师的定位与职责

随着科学技术的发展，在"互联网＋"时代，互联网、移动技术、人工智能等技术与教育教学的融合正在推动教育发生结构性的变革。在线学习平台、人工智能等开始替代教师的知识传授功能，甚至让知识的传递变得更加高效而灵活。这样的背景不仅推动了混合式学习的发展，也推动了教师角色定位与职责转变。

"互联网＋"时代的混合式教学，其本质是为学生创建一种真正高度参与的、个性化的学习体验。在混合式学习的范式下，学习的本质与内涵已经发生了变化。学生不仅需要习得共性的标准化的知识，更追求个性化知识与创造性知识的自我建构与生成。这就要求教师向导学教师的角色转变；其主要职责由知识传授转向设计并组织学习活动，引导并促进学生的学习。混合式学习扩展了学习空间，使原本用来传递书本知识的课堂变为用于学生集中交流、探究和解决问题的场所，而在线学习环境则承载了课堂原本的知识传递功能，甚至成为学生社会化交互的主要场所与途径。学习空间的增加及功能上的转变，导致学生角色和"学"的方式发生改变，这也决定了教师的角色和"教"的方式必须发生转变，才能适应混合式教学的新发展。教师由"以传授学科知识为主"转变为"以发展学生能力为主"，不再以灌输标准的学科知识为目标（梁国立，2012）。教师不再是课堂的决策者和唯一传授者（Graham et al.，2007），而是学生学习活动的设计者和组织者，学生自主学习或小组协作学习的支持者，学生问题解决或任务探究过程中的引导者和促进者。这种教师观、学生观和教学观的转变才是混合式教学的本质。

翻转课堂

译自"Flipped Classroom"，这种教学模式中学生在课前通过音视频、文本等方式自学基础的知识点，而课堂时间则留给学生充分地与教师、同伴交流，从而促进学生对知识的深入理解。

以混合式教学中典型的翻转课堂模式为例，并不是应用了信息技术的"课前＋课中＋课后"的教学就一定是翻转课堂。如果课堂上仍然以教师的讲解为主，那么，这种仍然以教师为中心、以知识传授为目的的教学就不是真正意义上的翻转课堂。在翻转课堂中，必须是以学生为中心的，教师的主要职责是设计并组织课前、课中、课后的学习活动，并通过学习活动发现学生的问题，引导并协助学生解决问题，从而达到发展学生能力的目的。

从本质上讲，混合式教学中的教师有两个核心定位与职责：学习设计者和学习促进者。作为学习设计者，教师需要对混合式学习环境下的教与学进行重新设计，这种设计不是针对如何教学的设计，而是针对如何促进学生学习的设计，包括对学习目标的重新审视，对学习内容和学习过程的重新组织，对学习模式与策略的重新整合，对学习评价方式的重新设计，并最终以学习活动和学习体验的形式呈现。作为学习促进者，教师需要在混合式学习过程中扮演学生学习的引导者、促进者、激励者，在学生自主或小组协作开展问题解决或任务探究的过程中从旁协助，为学生的学习搭建支架。

案例 2.2

翻转课堂

翻转课堂最初的实践者是美国某中学两位化学老师。他们将录制的视频上传到网络，以此为缺席的学生补课。但老师们不久就意识到，翻转课堂模式能够让所有学生受益。不久他们进行了更具开创性的尝试——以学生在家看视频、听讲解为基础，在课堂上，教师主要进行问题辅导，或者为做实验过程中有困难的学生提供帮助。随着互联网的发展和普及，翻转课堂的方法逐渐在美国甚至全球流行起来。大部分学者和实践者认为，这种模式能够使得教师有更多的时间、精力对学生进行个性化的、有针对性的指导，而学生也能够在教师的指导下进行更深层次的探究学习。

克林顿戴尔中学很好地展现了一所学校如何应用翻转课堂模式改善其教学质量。在经历了两个班的试点教学之后，克林顿戴尔中学开始在全校推广实施翻转课堂教学。课前，学生观看教师录制的 7 分钟以下的课程视频并记录问题；在课堂上，教师对学生的问题进行答疑，并用大部分时间辅导学生练习。针对部分学生家中无法上网的问题，学校提供了校园电脑以备使用，并允许学生在校园中使用手机。在实施翻转课堂一年后，学生们的学业成绩得到了大幅度提高，自信心增强，校园违纪事件的发生频次也大幅度降低。通过采用翻转课堂，克林顿戴尔中学从曾经是美国底特律区声誉最差的学校，转而发生了惊人的变化。

【问题思考】

（1）根据资料，总结梳理翻转课堂这一混合式教学模式的优势与不足，教师在其中发挥了怎样的作用。

（2）通过网络搜索相关信息，查找国内成功应用翻转课堂的教学案例，并与小组同学交流分享。

二、混合式教学的教法学框架

混合式教学是一种新的学习范式，它一方面符合教育学的基本原理，仍适用于一些传统的教学理论，如最近发展区理论、支架教学理论、掌握学习理论等；另一方面，混合式教学又有其特有的规律和方法，因此也需要特定的理论有针对性地对其进行指导。

如前所述，混合式教学中教师的核心角色是学习设计者和学习促进者，即通过设计、组织学习活动，引导、促进学生的学习，为学生的学习搭建支架。因此，混合式教学的教法学，需要为教师提供如何为学生的混合式学习搭建支架的理论与方法框架，从而指导教师如何设计混合式学习、促进混合式学习。

支架的概念源自维果茨基的最近发展区理论，也是建构主义理论指导下的主要教学策略之一。按照布鲁纳等人的理解，教学支架是对过程的支持，也是支持的过程，所有协助学习者发展学习能力、帮助其实现最近发展区内发展的支持都是教学支架，这种支持包括教师或其他人所提供的示范、指导、工具、策略等（Wood et al.，1976）。

Tips

维果茨基是苏联教育学家、心理学家。他的最近发展区理论建立在高级心理机能理论的基础上，主要关注智力的发展。维果茨基认为，儿童本身就具有一些低级的心理机能，如感知觉、形象记忆等，而成人则具有逻辑记忆、抽象思维等高级的心理机能。在社会文化中，通过成人的帮助，儿童能够不断地跨越最近发展区，形成高级的心理机能。

34

支架最重要的特征是目的性和临时性，即在需要时提供，在不需要时撤除。因此，混合式教学的教法学需要帮助教师了解：在混合式教学过程中，①需要哪些支架？②支持什么？③如何支持？④何时提供支架？⑤何时撤除？

已有的研究与实践表明，有两个理论框架：探究社区模型和混合式教学动态支架模型能够回答这五个问题，从而为教师成为有效的学习设计者和学习促进者提供教法学框架。

(一)探究社区模型

设计原则

设计在线课程或混合式课程时必须要遵循的原则，例如，"设计时必须要搭建相应的学习支架，从而使三种临场感同时达到较高水平，实现有效的在线学习或混合式学习"。

加里森(Garrison)等人(1999)提出的探究社区模型，在首次提出时虽主要用于指导在线教学，但已逐步发展、明确为混合式教学的理论框架(如图 2-1 所示)。该模型不仅明确了混合式学习的关键要素，而且进一步发展了教学临场感、社会临场感和认知临场感的二级维度与典型策略(如表 2-2 所示)，为混合式教学的设计、实施与评价提供了理论框架。正如加里森等人所指出的，探究社区模型的概念基础足够强大，可以解释混合环境中的有效学习成果(Garrison & Arbaugh, 2007; Graham, 2006; Vaughan & Garrison, 2006)，并且为在线学习和混合式学习环境中的复杂性和动态性提供设计原则和指导(Akyol et al., 2009; Vaughan et al., 2013)。

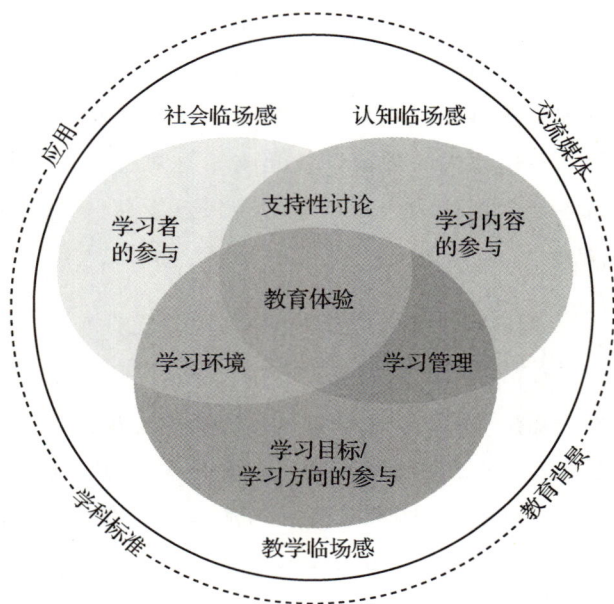

图 2-1　探究社区模型

表 2-2　探究社区模型的二级维度与典型策略

要素	二级维度	典型策略（示例）
教学临场感	教学管理	设计和启动讨论话题
	建立理解	分享个人观点
	直接指导	集中讨论
社会临场感	情感表达	情绪
	开放式沟通	轻松自由的表达
	群体凝聚力	鼓励合作
认知临场感	触发事件	引起困惑
	探索	信息交流
	整合	整合观点
	解决	应用解决方案

　　按照探究社区模型，教师在混合式教学中需要关注教学临场感、社会临场感和认知临场感的创设。第一，教学临场感的创设包括教学管理、建立理解、直接指导三个子维度（Anderson；2008；Garrison & Arbaugh，2007；Garrison et al.，2010）。教学管理指设置课程、设计教学和评估方法、计划时间、使用媒体等；建立理解可以通过教师吸引潜水学习者的参与、集中讨论、分享个人观点、承认个人贡献、确定讨论一致和不一致的地方等策略来寻求达成共识和理解；直接指导主要指为会话和教学过程提供建设性、即时性、解释性的评价和反馈，如提供必要内容、提出问题、主动指导、总结讨论等。第二，社会临场感的创设包括了情感表达、开放式沟通和群体凝聚力三个子维度。促进情感表达的策略主要是表现幽默、自我流露；促进开放式沟通的策略有促进相互理解，认识、认可和尊重每个人的贡献等；促进群体凝聚力的有效策略是设计能够建立和维持集体情感认同的活动等。第三，认知临场感的创设包括触发事件、探索、整合、解决四个子维度。触发事件指唤起对问题的认识、引起困惑；探索包括造成分歧、信息交流、提供建议、头脑风暴、得出结论等；整合包括群体汇聚、整合观点、创建解决方案；解决包括寻找应用情境、测试解决方案、修订解决方案的过程（Garrison et al.，2001）。

（二）混合式教学动态支架模型

　　探究社区理论为定义、描述及测量混合式教学的要素提供了一个概念框架（Garrison et al.，2010；Swan & Ice，2010）。然而，教师在设计与支持混合式学习时仍然会存在困惑：在混合式教学过程中，教师是否需要设计并提供针对三类临场感的所有支架？当教师与学生的时间、精力有限时，教师应当如何选择设计与支持的重点？在混合式教学的不同阶段，教师设计与支持的重点是否应有所不同？冯晓英等人（2019）基于混合式教学实践与研究提出的混合式教学动态支架模型回答了"何时提供支架""何时撤除支架"的问题，帮助教师解决以上困惑。

混合式教学动态支架模型的提出，基于两个理论假设，都有国内外文献的理论支持（Azevedo et al.，2011；Feng，2012）：

假设一：学习者在混合式学习的不同阶段具有不同的学习特点与需求，因此需要教师设计并提供不同的教学支架支持。

假设二：教学支架不仅具有临时性，还具有动态性，即支架强度不是固定的、一成不变的。

基于以上两个理论假设，混合式教学动态支架模型提出：在混合式教学过程中，教学临场感、社会临场感和认知临场感的教学支架强度应是不同的、变化的（如图2-2所示）。

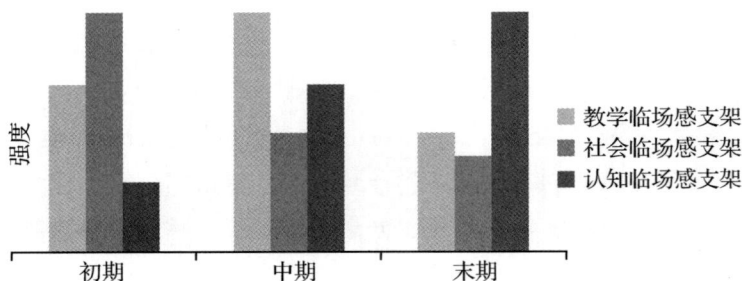

图 2-2 混合式教学动态支架模型

（1）在混合式教学初期，社会临场感支架的强度最高，教学临场感支架的强度次之，认知临场感支架的强度最低。

（2）在混合式教学中期，教学临场感支架的强度最高，认知临场感支架的强度次之，社会临场感支架的强度最低。

（3）在混合式教学后期，认知临场感支架的强度最高，教学临场感支架的强度次之，社会临场感支架的强度最低。

混合式教学动态支架模型回答了在混合式教学的不同阶段，教师如何为教学临场感、社会临场感、认知临场感三个要素设计和提供不同强度的支架，从而解答了探究社区模型未能回答的后两个问题——何时提供支架、何时撤除支架。例如，在混合式教学过程中，教师搭建社会临场感支架的强度需要由高到低，逐步弱化；搭建认知临场感支架的强度需要由低到高，逐步强化。该模型已经通过实证研究得到了验证。实证研究还发现，教师搭建教学临场感支架的强度不仅在混合式教学中期最强，而且在混合式教学中期需要强化对教学临场感中"建立理解"子维度支架的强度，而在混合式教学末期教师则需要及时撤除教学临场感中"直接指导"子维度的支架(Feng et al.，2017)。

三、小结

　　本节主要探讨了混合式教学中教师的角色定位和职责转变。尽管学者们对人工智能技术未来是否会完全取代教师有一定的争论，但是，以人工智能为代表的科学技术正在或即将取代教师的部分职能，如知识的传授，而教师的另外一些职能和作用则是包括人工智能在内的信息技术难以取代的。在"互联网＋"时代的混合式教学中，教师的角色和职责也在发生着转变，更多的是作为学习活动的设计者、组织者和学生学习的引导者、促进者、激励者。

　　此外，混合式教学的教法学框架也是这一节的重点内容之一。探究社区模型和混合式教学动态支架模型能够共同回答教师在混合式教学中的五个问题：探究社区模型回答了前三个问题，即需要哪些支架？支持什么？如何支持？后面两个问题——何时提供支架、何时撤除支架，则需要混合式教学动态支架模型提供理论的指导。

名家语录或其他提示

　　学校要求教师在他的本职工作上成为一种艺术家。

——爱因斯坦

　　教育中应该尽量鼓励个人发展的过程。应该引导儿童自己进行探讨，自己去推论。给他们讲的应该尽量少些，而引导他们去发现的应该尽量多些。

——斯宾塞

🔍 学习活动建议

　　本章的学习重点是两个方面：第一，理解混合式教学的学习理论，了解有效学习的发生及其影响因素；第二，明确混合式教学中教师的定位与职责，了解混合式教学的教法学理论。

　　建议学生阅读教材内容，利用各种检索工具，查阅与主题相关的文献和案例，通过文献和案例进一步补充了解混合式教学的学习理论和教法学基础。

本章小结

　　本章从认识论和方法论的角度，对混合式教学，特别是"互联网＋"时代的混合式教学的学习理论和教法学基础进行系统阐述。学习理论将帮助我们更深刻地认识混合式学习，教法学基础将指导我们更有效地设计和实施混合式教学。尽管我们称混合式学习是一种创新，但并非否定传统的学习与教学理论对混合式教学的适用性。我们认为，混合式教学应当是新旧学习范式的融合创新。

　　"互联网＋"时代的混合式教学是一种颠覆型创新。它撬动了教师角色定位和教学理念的根本性转变，促使教师由学科专家、知识传授者转变为学习设计者和学习促进者，促使教学真正由"以教师为中心"或"以学科为中心"向"以学生为中心"转变。这种转变要求教师真正把"教"与"学"区分开来，并认真探索成为成功的混合式教学教师的方法路径。探究社区模型和混合式教学动态支架模型，共同为"互联网＋"时代的混合式学习提供了教法学基础，为教师如何有效设计混合式学习、促进混合式学习提供了理论框架和方法抓手。

总结>

关键术语

　　支架设计　Scaffold Design
　　学习理论　Learning Theory
　　教法学理论　Theory of Pedagogy

应用>

批判性思考

　　1. 请发挥想象力，畅想一下未来人工智能技术是如何辅助教师开展混合式教学的。

　　2. 发挥想象力，畅想一下未来人工智能技术是如何辅助学生开展混合式学习的。

体验练习

一、判断题

1. 在建构主义理论中，情境创设、协作式探究和意义建构是学习发生的三个关键环节。

2. 不论哪个阶段的混合式教学，建构主义理论都是混合式教学通用的理论基础。

3. 目前有两个理论框架能够有针对性地指导混合式教学，分别是探究社区模型理论和混合式教学动态支架模型理论。

二、简答题

请简述在"互联网＋"时代混合式教学中教师的定位与职责是什么。

案例研究

案例：COI 评价工具的完善

加里森等人在 1999 年初次提出了探究社区模型理论，并在之后的一系列文章中逐步完善该理论，提出了设计框架和评价框架以及评价工具等。目前探究社区模型理论已经发展成为一项成熟理论，有很多学者认可该理论并投入到验证理论、丰富理论的工作中。其中理论创始人之一，克利夫兰—英尼斯（Cleveland-Innes）在原有的三维度框架上增加了情感临场感维度。他认为，在线学习中个人和社区之中存在的情绪、感受是学生与同学、教师、课程内容以及技术之间的交互过程中必然产生的，常见的情绪和感受包括感激、喜悦、渴望、厌恶、幽默、疑惑、惊喜等。该研究还进一步通过数据分析指出，情感临场感应当作为在线探究社区中有效学习发生的基本要素之一。

混合式教学的准备

本章概述

　　本章的学习目的在于让同学们了解成功的混合式教学改革需要从机构和教师两个层面，思考在态度和能力上做好怎样的准备，以及如何帮助不同对象做好混合式教学的态度和能力准备。本章共包括 2 节内容。第一节介绍目前机构混合式教学方面的态度与能力准备。第二节介绍教师开展混合式教学所需具备的态度与能力以及准备现状，以及如何帮助教师做好准备。

内容导图

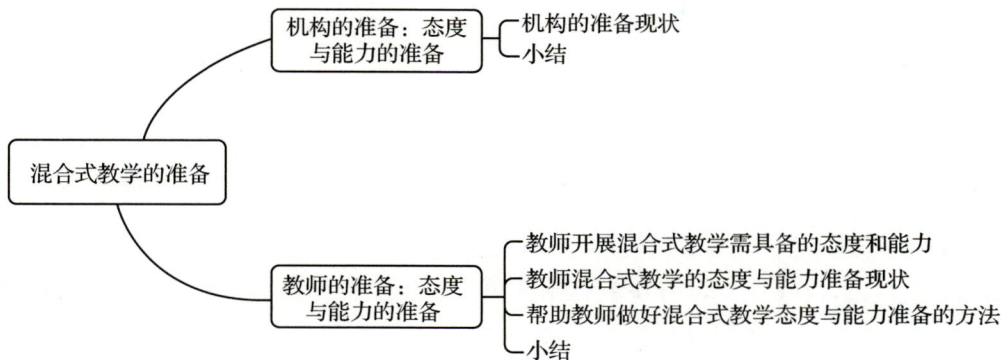

学习
目标

1. 掌握教师开展混合式教学所需的态度与能力。

2. 了解机构和教师开展混合式教学的准备现状。

读前
反思

第三章介绍了混合式教学的准备情况和具体要求。在学习本章之前，请你想一想：

1. 你是否有过混合式教学或混合式学习的经验？

2. 在开展或参加混合式教学之前，你做过怎样的相关准备？

3. 你认为在开展或参加混合式教学之前教师应该做怎样的准备？

章内栏目

随着"互联网＋教育"的不断发展，混合式教学的课堂逐渐融入中小学以及高校。最近，不少中学准备开展混合式教学，但是学校的领导、教师在准备工作方面遇到了一些困难。校长和老师们都困惑：开展混合式教学，我们做好准备了吗？我们应当做好怎样的准备呢？校长们更想知道：我们应当如何帮助老师和同学们为混合式教学改革做好准备？

你认为在开展混合式教学前，机构（如学校）和教师应该分别做好怎样的准备呢？希望本章内容的学习，可以对你解答这些问题有所帮助。

第一节
机构的准备：态度与能力的准备

本节学习目标

1. 了解机构对开展混合式教学准备情况的现状。

2. 掌握机构推动混合式教学水平的三个发展层次。

　　机构作为教育环节中不可或缺的一部分，在开展混合式教学的过程中承担着十分重要的作用。目前，大部分机构并没有做好开展混合式教学的准备，因此在开展混合式教学时，面临着因对混合式教学准备不足而带来的种种问题和挑战。本节通过对机构开展混合式教学准备的现状进行概述，简要叙述机构推动混合式教学水平的三个发展层次，以此来帮助学习者对教育机构在混合式教学中的准备现状和发展方向有较为详尽的了解。

一、机构的准备现状

　　提到混合式教学，你首先想到的对象是什么呢？政府、学校、教师还是学生？目前绝大多数研究都关注混合式教学在课程层面的应用，只有少数研究关注其在机构层面的应用，加里森（Garrison）和格雷厄姆（Graham）是在机构层面推动混合式教学改革实践与研究的两位代表人物。

　　在各国政府的大力倡导下，2010年前后，欧美就有一些高等院校走在了尝试混合式教学改革的前列。例如，2011年，美国政府就设立了一项下一代学习（Next Generation Learning Challenges，NGLC)来鼓励学校发展混合式教学，其中美国高校联盟有20所高校加入了此项目。

案例 3.1

NGLC

　　NGLC相信可以发挥教育领导者和教师的力量，带领当地社区的学生、父母和家庭等一起围绕当前很有影响力的新的学习形式——混合式学习，重新设计学校学习。

　　下一代学习（Next Generation Learning）并不一定都是面对新的或不同的事物。我们每个人都经历过深刻的、吸引人的、改变人生的学习的瞬间，这些瞬间往往很少发生在核心课程的课堂教学中，而现在，教育者们正在把这种学习作为每个学生在学校每天都要经历的事情。

NGLC 是一个由具有前瞻性的教育者组成的社区，他们在自己的社区工作，并作为一个网络，共同应对当今公共教育中面临的最紧迫的挑战。NGLC 是一个非营利组织，它的宗旨是：尽管每个人都有自己的角色，但教育者应该引领教育向下一代学习转变。

NGLC 的作用是让那些有远见的教育工作者有机会改变他们的学校，并有激情和勇气地去追求它。NGLC 的工作可分为四个不同的重点领域。

想象：邀请社区运用他们已经知道的关于强大的学习的知识来重新思考公共教育的可能性。

创建：通过挑战基金投资的领域创新者，帮助他们设计和建造下一代学校。

活在当下：如果想让教育工作者支持下一代学习，那么首先需要确保他们也体验到下一代学习。

培育：下一代学习得以成长的唯一途径是这个体系能够帮助每个人——从学生到政策制定者——尽最大努力取得进步，而不是强制要求他们改变。

采取的行动：

促进创新。NGLC 资助了为学校设计大胆新设计的教育工作者。目前 MGLC 已经投资了 4000 万美元给有想法的教育工作者，支持了 100 多所学校。他们还资助了区域孵化器以帮助其所在地区创建大量的新一代学校。

社区建设。NGLC 将具有创新意识的教育工作者联系在一起，以创造更智能的学校设计。他们的学习社区通过由教育工作者主导的战略在全国范围内促进下一代学习。

创造集体技能。NGLC 致力于全面且深入的内容共享。他们分享策略、工具以及各种有效的建议，最终产出工具包、文章、时事通讯以及相关的研究项目等。

支持下一代学习。随着越来越多的教育工作者对个性化学习、下一代学习的潜力产生兴趣，NGLC 推动了以研究和实践为基础、由教育工作者主导的基于本地实际而设计的新型学校模式的发展。

2013 年后，MOOCs 的出现引发了社会各界对在线教学的关注热潮。更多的高等院校都对混合式教学表现出越来越开放、积极的态度。在线教学和混合式教学让更多的传统高校看到了扩展学习机会、扩展大学院墙的无限可能。

> **Tips**
>
> 虽然大多数机构对于混合式教学表现出了过于乐观的态度,却没有意识到混合式教学所面临的挑战。这些挑战包括开展混合式教学所需要的基础设施、师资、人员、技术准备等诸多方面的条件准备和要求。因此,尽管对混合式教学持开放和乐观的态度,但是大多数机构其实并没有做好开展混合式教学的能力准备。

为了更好地理解机构在混合式教学上取得的进展情况,格雷厄姆将机构推动混合式教学的水平划分为三个发展层次:意识/探究、采纳/初期实施、成熟发展(Graham et al.,2013)。以美国为例,目前开展混合式教学改革的高校大部分还处于由第一个层次(意识/探究)向第二个层次(采纳/初期实施)过渡、转化的阶段,还处于混合式教学改革的初期,还远远谈不上成熟发展。而且在此过程中,绝大多数高校已经面临对混合式教学准备不足而带来的问题和挑战(Porter et al.,2014)。

尽管我国机构层面的混合式教学改革稍微滞后一些,但近年来也出现了一些在混合式教学模式上进行探索和尝试的机构,其中比较有代表性且取得了较好成效的是成都七中网校。

案例 3.2

成都七中网校

背景
以四川阿坝、甘孜、凉山等民族地区为代表的偏远地区学校,由于地理位置较差、地区经济发展落后等带来了优质教育资源匮乏的问题。为了解决教学和师资资源缺乏的问题,亟需通过一些方法途径将优质教育资源"输送"到偏远地区,从而助力于教育均衡和教育公平的实现。
简介
成都七中网校是由成都东方闻道科技发展有限公司和成都七中联合发起、被四川省政府确定为民族地区远程教育信息源的远程教育实践案例。这一案例的运行机制:东方闻道公司作为主要的发起者,为网校运行提供所需要的系统、设备及技术支持;成都七中的优质教师提供课堂教学资源和视频,持续地向偏远地区的薄弱学校提供远程双师教学服务,为薄弱学校进行远端的组织管理和教学辅导。为了确保双师服务的质量,四川省政府作为监督者对网校开发的各种系统和设备进行鉴定和审查,并准许应用推广;东方闻道公司为两端学校教师开展技术培训和支持;成都七中的专家团队对课程内容进行审核把关。

续表

混合式教学模式创新
• "四个同时"。教学实现模式上为同时备课、同时授课、同时作业和同时考试。同时备课指授课教师和远端教师一起备课；同时授课指异地同堂听课，远端教师根据实际情况筛选微课/直播课资源，进行线下管理和辅导；同时作业和同时考试则是采用相同教材、作业和试卷进行测评。 • "四位一体"。即前端教师、把关教师、远端教师和技术教师这四种角色在各自的岗位上发挥各自的职能。前端教师在把关教师的指导下完成课堂讲授。远端教师异地全程随堂进行组织辅导，并做好课堂前后的教学活动，包括对学生作业批改、课后辅导等。技术教师则保证网络和相关教学设备的完好。

二、小结

大多数机构对于混合式教学的态度过于乐观，因此并未意识到混合式教学所带来的挑战，导致缺乏开展混合式教学的准备，如教学所需的基础设施、师资力量等。因而，当前国内外大多数机构的混合式教学改革仍处于意识/探究层次向采纳/初期实施层次的转化阶段。机构的混合式教学改革之路道阻且长。

名家语录或其他提示

路漫漫其修远兮，吾将上下而求索。

——屈原

第二节
教师的准备：态度与能力的准备

本节学习目标

1. 掌握教师开展混合式教学需要具备的态度与能力。
2. 了解教师对开展混合式教学准备情况的现状。
3. 掌握帮助教师做好混合式教学态度与能力准备的方法。

除了机构在基础设施、师资力量、技术支持等各方面需要做好充分的准备，混合式教学的效果很大程度上还取决于教师的态度与能力准备，取决于教师如何从传统的面对面课堂的角色过渡、转化到混合式教学所需要的更为复杂的角色。但是显然，大多数教师无论是从态度上还是从能力上都没有做好混合式教学的准备。

作为混合式教学的主要承担者，多数教师对混合式教学仍持较为保守的态度。一方面，多数教师认为混合式教学只是提升了教学效率和便利性，而尚未意识到混合式学习对支持学生获得更好的学习体验的重要性；另一方面，由于技术问题、技术与课程整合的问题、时间与工作量的问题等，导致了教师对待混合式教学的态度略微消极，这也进一步影响了混合式教学中教师角色的积极转变（Comas-Quinn，2011；Jeffrey et al.，2014）。

事实上，越是有过混合式教学经历的教师，对于混合式教学的态度越复杂。他们既看到了信息技术支持下混合式教学带来的便利性，同时又亲历了由于之前能力准备（包括心理准备）不足所带来的各种困难。那么，教师开展混合式教学需要哪些态度与能力？教师的混合式教学的态度与能力现状如何？教师应如何做好混合式教学的态度与能力准备？通过本节的学习，相信你对于以上问题会有较为清晰的认识和理解。

一、教师开展混合式教学需具备的态度与能力

（一）态度准备

已有研究表明，混合式教学的效果在很大程度上取决于教师是否接受自身角色的转变（Comas-Quinn A，2011）。因此，混合式教学中教师的态度尤为关键，教师是否会正视自身能力上的不足并积极改进，很大一部分原因在于其是否对混合式教学有良好的态度和认识，然而实践中大多数教师对待混合式教学的态度仍较为保守。

目前已有对教师混合式教学态度的相关研究。例如，赵建民、张玲玉（2017）通过对两种常用的技术接受度模型（DTPB 和 TTF）进行整合，以探究高校教师对混合式教学的技术接受度，研究发现态度、感知行为控制、主观规范这三个要素对高校教师的混合式教学态度有显著的正向影响。此外，科马斯（Comas）的研究表明，教师对混合式教学的态度受到激励政策、混合式教学系统性能等多方面的影响（Comas-Quinn，2011）。

（二）能力准备

目前，专门探讨混合式教学的教师能力模型的研究还不多。国内外学者更多关注在线教学的教师所需要具备的能力模型。很多学者都强调混合式教学应当有自己独特的教学法，混合式教学的教师不能简单复制传统课堂教学的教学法，而必须具备专门的教学法知识和能力，才能成功开展混合式教学。

何克抗（2005）指出，Blending Learning 中的"Blending"之一就是教学结构上要做到

"主导—主体相结合"，这里的主导就是指教师在混合式教学中起到的主导作用。这与传统教学模式中教师的角色有很大不同。在传统教学中，教师的重心在于"怎样教好"；而在混合式教学中，教师的重心则是"怎样引导"和"怎样教好"。那么，"怎样引导"和"怎样教好"具体来说表现为什么呢？

2005 年，美国学者提出了"整合技术的教师知识的框架"——TPACK（如图 3-1 所示）。TPACK 能力框架包含三个核心要素与四个复合要素，为教师将技术知识、学科内容知识、教学法知识的结合提供了评价标准。在"互联网＋"时代，教师的 TPACK能力是开展混合式教学的基础。

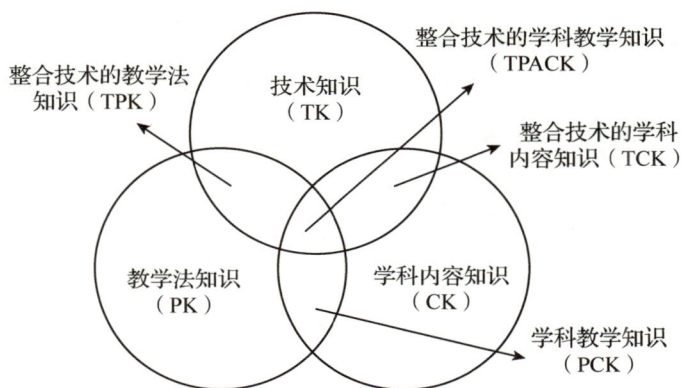

图 3-1　TPACK 能力框架

杨文婷、何伏刚（2008）提出，在混合式教学中教师应该通过以下四个方面来引导和促进学生：促进学生深度学习技能、促进有效交互技能、学习过程管理技能和学习环境设计技能（如表 3-1 所示）。

表 3-1　混合式教学中教师应具备的具体技能

促进学生深度学习技能	促进有效交互技能	学习过程管理技能	学习环境设计技能
激发学生情感体验（尤其是文科）	情感因素	准备阶段：提供学习支持和管理	个性化适用网络平台
促进学生知识建构（尤其是理科）	及时反馈	过程中：监督	设计学习活动情境
有效提问	交互策略	结束后：评价	

金萨拉（king）等人构建了教师能力框架，此框架从课程准备、课程设计、交互和动机这四部分来对混合式教学中的教师提出要求，并在每一部分列举了教师可以借鉴的具体操作。其中表 3-2 为从每一部分中摘取的四条操作（如表 3-2 所示）。

表 3-2　King 等人提出的混合式教学中教师应具备的能力

课程准备	课程设计	交互	动机
阅读有关混合式教学或在线教学优秀实例的相关资料	课程的组织（在线和面授）	对在线学习时间、技术资源和非课程相关的讨论	在线讨论的频繁程度和质量
参加有关混合式教学或在线教学的会议或讨论组	学习任务及评价的描述	面授教学时的小组讨论	课程要求的说明
咨询其他参与过混合式教学课程的同事	各类学习管理系统的描述	对作业的及时反馈	适当的工作量
向技术专家咨询技术使用方法	讨论时发布信息的规范	师生间通过邮件通信	反馈的质量及频繁程度

2014 年，iNACOL 发布了一份研究报告，认为从事混合式教学的教师具备的能力应包括四个维度，细化为 12 个具体能力（如表 3-3 所示）。

表 3-3　iNACOL 混合式教学教师能力框架

领域	具体能力
理念	对教与学具有前瞻视野、明确教育变革和发展的方向
素质	勇气、透明公开、协作的能力
适应能力	反思、持续改进和创新、沟通能力
技术能力	具备数据思维与实践性能力、教学策略、混合学习经验的管理、应用教学工具的能力

对比以上四种对混合式教学中教师能力的具体阐述，第二种与第三种更加侧重于课堂教学方面，特别是金萨拉等人提出的能力框架，可操作性较强。TPACK 综合了技术知识、学科内容知识、教学法知识，对混合式教学的针对性较强。iNACOL 能力框架还包括了教师应具备的理念和素质，更为全面和概括。

（三）教师应具备的态度与能力

上述提及了关于教师开展混合式教学的态度准备的影响因素以及教师混合式教学的能力模型。不同学者开展了相关的研究，也得出了可供参考的研究结论，尽管目前并没有一个完全统一的结论和标准，但是不同学者之间有很多观点是相互支持和补充的。一些比较共性的认识应该成为教师开展混合式教学尤为关注并具备的态度和能力标准。

在态度准备方面，开展混合式教学前，教师需要在感知的有用性、感知的易用性、兼容性、自我效能这四方面做好准备。感知的有用性是指教师认为混合式教学有利于教学开展的程度；感知的易用性是指教师认为学习、开展混合式教学的难易程度；兼容性是指教师认为混合式教学与自身价值观和过去教学风格理念的匹配程度；自我效能是指教师对自己能否成功开展混合式教学的自信程度。

在能力准备方面，综合考虑上述四种教师混合式教学相关的能力框架，我们认为教师应具备以下能力：理念、素质、适应能力、技术能力和混合式教学学科教学法知识。理念是指在混合式教学中教师需要理解并采纳新的教学思维模式；素质是指帮助教师向混合式教学方式过渡的个人特征和行为模式；适应能力是指教师在混合式教学中处理新任务或开发解决方案的技能；技术能力是指教师在混合式教学中需要具备的专业知识技能；混合式教学学科教学法知识是指混合式教学中教师整合技术知识、学科内容知识与教学法知识的能力。

二、教师开展混合式教学的态度与能力准备现状

目前国内外教师对混合式教学的态度与能力准备现状究竟如何呢？

在态度方面，教师对于混合式教学的态度的整体准备较好，但在态度准备的个别方面，如感知的易用性方面，不同教师间差别较大，有少数教师认为学习并熟练开展混合式教学存在一定的难度。

在能力方面，教师普遍表现出混合式教学能力不足的特征。首先，教师在线教学就存在能力准备不足的问题，特别是在教学法上的准备不足（肖俊洪，2016），而混合式教学在此基础上对教师的能力和职责提出了更为复杂的要求。其次，由于教师职前教育课程体系中在线教学和混合式教学的缺失，教师只具备传统课堂教学的知识和能力，而缺乏对在线教学、混合式教学的理论框架、教学法知识的理解和实际体验（Smith et al.，2005；Keengwe et al.，2013）。这些都直接影响了教师在开展混合式教学中的积极性和满意度，从而造成了目前教师混合式教学能力准备情况不够理想的局面。

三、帮助教师做好混合式教学态度与能力准备的方法

由于教师混合式教学的准备现状不够理想，因此采取怎样的措施帮助教师做好混合式教学的准备，进而提升混合式教学实施效果则显得尤为重要。教师不仅需要做好能力准备，还需要做好态度准备，而帮助教师做好混合式教学态度准备的前提是帮助教师做好能力准备。2010年，随着混合式教学的普及，大家就在思考：怎样的模式和策略有助于帮助教师做好混合式教学的能力准备？

目前教师发展混合式教学能力的常用方法主要有两种。

第一，讲授混合式教学课程，并在教学过程中逐步摸索、发展混合式教学的能力。这种方式对于教师发展混合式教学能力有一定的帮助（Balatti et al.，2010；Richardson et al.，2014）。

第二，为教师构建在线的专业发展共同体，通过同行的交流、分享、互助，帮助教师提升混合式教学能力（Grion et al.，2007；Mentis et al.，2016）。

随着混合式教学的普及，帮助教师做好混合式教学能力准备方面的成熟案例也越来越多。英国开放大学对于教师参与专业性的混合式教学技能培训则是其中较为典型的案例。

案例 3.3

英国开放大学混合式教学技能培训

英国开放大学关于教师参与专业性的混合式教学技能培训主要分为两类（Comas-Quinn，2011）。

强制性的实践课程。教师首先被要求以学生的视角理解在线音频会议的实践课程，再以教师的视角学习使用在线音频会议工具的实践课程。

非强制性参与、更为全面的培训课程。这一类课程还包括培养教师主持实时视频会议和组织论坛讨论的技能等。

> **Tips**
>
> 开展混合式教学，教师应具备的态度包括感知的有用性、感知的易用性、兼容性、自我效能；应具备的能力包括理念、素质、适应能力、技术能力和混合式教学学科教学法知识。

目前国内教师对混合式教学的态度接受度较高，但是能力方面较为欠缺，尤其是在混合式教学学科教学法知识上存在不足。为了帮助教师做好混合式教学能力准备。一方面，可以通过讲授混合式教学课程并不断实践以帮助教师逐步摸索混合式教学技能；另一方面，可以为教师构建在线的专业发展共同体以帮助教师之间进行更好的分享和交流。这两种方式都是目前较为有效的、提高教师的混合式教学能力的方法。

四、小结

通过本节的学习，你应该已经基本掌握了教师混合式教学准备的相关知识，对教师混合式教学的态度和能力准备的已有研究基础、教师应具备的混合式教学态度和能力准备、教师混合式教学的态度和能力准备现状以及如何帮助教师做好态度和能力准备有了全面而深刻的理解。通过本节的学习，你对于如何提升教师混合式教学技能会有怎样的看法和行动呢？

名家语录或其他提示

不为明天做准备的人永远不会有未来。

——卡耐基

🔍 学习活动建议

基于已有的案例，通过资料检索，找到关于机构对于混合式教学准备的案例，并对其进行全面深入的分析，形成对其的思考。

以小组为单位，对混合式教学准备中机构、教师两大主体对于混合式教学准备的意义以及两者之间的关系进行思考与交流。

本章小结

通过本章的学习，你一定对于机构和教师两个主要主体在混合式教学改革中所扮演的角色、现状以及未来可能的改进措施都有了一定的理解。

大多数机构对于混合式教学表现出了过于乐观的态度，并没有意识到混合式教学所带来的挑战，包括开展混合式教学所需要的基础设施、师资力量、技术支持等诸多方面的条件准备和要求。因此，大多数机构并没有做好开展混合式教学的能力准备。

对开展混合式教学，教师应具备的态度包括感知的有用性、感知的易用性、兼容性、自我效能；应具备的能力包括理念、素质、适应能力、技术能力和混合式教学学科教学法知识。

希望在将来的教学实践中，你能够将本章所学用于帮助机构和教师反思、改进混合式教学准备中的不足，并且充满信心地迎接后续混合式教学设计、实施、优化中可能面临的种种困难。

总结>

🌐 关键术语

混合式教学　　Blending Learning

混合式教学准备度　　Blending Learning Readiness

应用>

Aa 批判性思考

通过对本章的学习，请思考以下问题：

1. 你认为对混合式教学的准备除了态度与能力两方面，还应该在哪些方面做好准备？为什么？

2. 你认为在混合式教学准备方面，机构和教师哪一个应先准备？为什么？

✎ 体验练习

一、判断题

1. 大多数机构对于混合式教学表现出了过于乐观的态度。

2. 作为混合式教学的主要承担者，教师大多对混合式教学持较为开放的态度。

二、简答题

1. 开展混合式教学前，教师需要做哪些态度准备？

2. 开展混合式教学前，教师需要做哪些能力准备？

三、论述题

目前，我国混合式教学教师准备的整体情况如何？态度与能力准备如何？

第四章

混合式教学的设计原则

本章是对混合式教学的设计原则的概述，学习目的在于让同学们了解混合式教学设计的不同价值取向、混合式教学设计的三个转变和三个关键词，从而为"互联网＋"时代开展混合式教学设计提供理念指导。本章共包括 3 节内容。第一节介绍混合式教学设计的价值取向，包括教学设计的三类价值取向，以及"互联网＋"时代混合式教学设计的价值取向的转变。第二节介绍混合式教学设计的三个转变，即设计视角、设计理念和设计范畴的三个转变。第三节介绍混合式教学设计的三个关键词，分别为核心目标的设计、学习体验的设计和学习支架的设计。

内容导图

```
                    ┌─ 混合式教学设计的 ──┬─ 教学设计的三类价值取向
                    │    价值取向        ├─ "互联网+"时代混合式教学设计的价值取向的转变
                    │                    └─ 小结
                    │
  混合式教学的 ──────┼─ 混合式教学设计的 ──┬─ 转变设计视角：由教学设计向学习设计转变
   设计原则         │    三个转变        ├─ 转变设计理念：由知识传递设计向能力培养设计转变
                    │                    ├─ 转变设计范畴：由前端设计转向全过程设计
                    │                    └─ 小结
                    │
                    └─ 混合式教学设计的 ──┬─ 关键词一：核心目标设计
                         三个关键词       ├─ 关键词二：学习体验设计
                                          ├─ 关键词三：学习支架设计
                                          └─ 小结
```

学习目标

1. 理解混合式教学设计的价值取向。

2. 阐述混合式教学设计的三个转变。

3. 阐述混合式教学设计的三个关键词。

读前反思

在前三章的学习过后，第四章介绍了混合式教学的设计原则。在学习本章之前，请你思考以下问题：

1. 根据已有的对混合式教学以及教学设计相关概念的理解，你认为教师或教学设计者在开展混合式教学设计时是否应重点关注学科内容、学生能力或者兴趣？为什么？

2. 相较于传统教学方式的教学设计，你认为"互联网＋"时代的混合式教学设计会有什么特点？

3. 你认为"互联网＋"时代的混合式教学设计应该重点关注哪些要素的设计？

章内栏目

当前很多高校、职业院校和中小学校都在推动混合式教学。然而，教师们在认识到混合式教学的灵活性、时空延展性带来的便利的同时，对混合式教学常常存在认识上的几个误区。误区一：混合式教学就是把部分教学内容转变成在线学习资源（如教学视频等）。误区二：混合式教学是为了让知识传递更加高效，把课堂上讲不完的内容放到课外、线上去学习。实践中教师们开展混合式教学时遇到的难点与这些认识上的误区息息相关。

为此，本章旨在介绍"互联网＋"时代混合式教学设计的设计原则，以期为"互联网＋"时代开展混合式教学设计提供理论依据和方法抓手。希望在本章的学习结束后，同学们可以对混合式教学的设计原则有一个系统的认识。

第一节
混合式教学设计的价值取向

🎯 **本节学习目标**

1. 理解教学设计的三类价值取向。

2. 理解"互联网＋"时代的混合式教学设计的价值取向的转变。

教学设计是连接学习理论和教育实践的桥梁，起于学习理论指导下对学习要素的分析，落脚于实践中教学问题的合理解决。作为一门具有方法论性质的学科，教学设计的主要任务是提供教学问题的解决方法和寻找解决教学问题的方法（杨开城，2001）。然而，教师或教学设计者在开展教学设计时秉持的价值取向是不同的，主要分为三类：学科内容为本的教学设计、学生能力为本的教学设计、学生兴趣为本的教学设计。那么，"互联网＋"时代的混合式教学设计的价值取向是怎样的呢？

一、教学设计的三类价值取向

（一）学科内容为本的教学设计

在教学设计价值取向的探索历程中，起初，以学科内容为本的设计是教学设计的主流，"如何完成知识由教师向学生的传递"是教学设计的主流价值取向。

在学科内容为本的价值取向下，教学目标通常表现为或对应为知识点。例如，以"双基"（基础知识、基本技能）为培养目标，关注学生知识习得。相应地，学习内容以学科逻辑为导向，以学科知识为主体。其教学模式多采用以讲授式教学为代表的替代性教学策略。

(二)学生能力为本的教学设计

随着"核心素养"的提出，教学设计的价值取向更加关注学科知识内容背后隐含的方法、思想、思维及价值旨趣等，这一时期主要是以能力为本的价值取向。

核心素养

基础教育界所称"核心素养"的内涵可以从三个层次上来把握：最底层的"双基指向"，以基础知识和基本技能为核心；中间层的"问题解决指向"，以解决问题过程中所获得的基本方法为核心；最上层的"科学（广义）思维指向"，指在系统的学习中通过体验、认识及内化等过程逐步形成的相对稳定的思考问题、解决问题的思维方法和价值观，实质上是初步得到认识世界和改造世界的世界观和方法论（李艺 & 钟柏昌，2015）。

在学生能力为本的价值取向下，教学设计以培养学生的核心能力为目标，既包括一般能力（如自主学习能力、协作能力、表达能力、创新能力等），也包括学科特殊能力（如科学探究能力、学科思维能力等）。其教学模式多采用以探究式教学为代表的生成性教学策略。

(三)学生兴趣为本的教学设计

随着创客、STEAM 教育等的兴起，有一类课程以学生兴趣为本，除了学科知识外，更致力于满足学生兴趣驱动下的个性化学习。

创客

创客的本质是以创新满足需求，热衷于创意、设计、制造的人群。这一群体存在着明显的特征：创新是其首要特征；其次是分享特征；最后是实践特征（杨刚，2016）。

STEAM

STEAM 教育是由美国学者亚克门（Yakman）在研究综合教育时首次提出的，即加强美国 K-12 关于科学、技术、工程、艺术及数学的教育，专门用于建立动手类创造性课程（王娟 & 吴永和，2016）。

在学生兴趣为本的价值取向下，教学设计关注学生兴趣驱动下的能力发展。其教学模式多采用体验式教学或项目式教学为代表的生成性教学策略。

二、"互联网＋"时代混合式教学设计的价值取向的转变

"互联网＋"时代混合式教学设计的价值取向与传统教学设计的价值取向有何异同？"互联网＋"时代混合式学习设计更强调以学生为中心，因而其价值取向综合了"学生能力为本"和"学生兴趣为本"的价值取向，由传统的"学科知识为中心"转向"学生学习为中心"，将学生的兴趣发展和能力培养作为好的学习设计的导向。

这种教学设计价值取向的转变，其实质是设计目标的转变带来相应的教学模式、教学策略和方法的转变。

在这种新的背景下，已有一些比较成功的尝试与探索。例如，王志丽在探索高校"综合英语"课程的混合式教学设计模式中，设计的基于超星学习通移动教学平台的混合式教学模式，主要体现在教学方法、教学目标、教学评价和移动信息化技术上。该研究迎合了教育移动信息化的时代背景，符合转型发展时期培养应用型人才的要求；能为外语专业教学提供一定的教学范式参考，为教师在"互联网＋"时代下开展基于移动端的混合式教学研究提供一个可操作的案例（王志丽，2018）。

案例 4.1

"综合英语"课程设计

传统课程设计	混合式教学设计
教学目标设计	
提升学生的英语听说、阅读、写作等能力。	充分发挥学生的主观能动性与创造性，推动学生利用移动端进行语言应用与交流。
教学方法设计	
以讲授式教学法为主，辅以小组合作和任务型教学法，学生自主性相对弱一些。	以任务型教学法、互动式教学法、自主学习和小组合作学习为主，体现出学生的主体地位和教师的主导地位。
资源建设	
传统的"综合英语"课程教学中，主要的教学资源是英语教材，完成的教学内容有限，教师也无法实现对每名同学的追踪与辅导。	超星学习通为"综合英语"课程的混合学习资源建设提供了平台，内容主要包括课文讲解、主题相关文化背景知识、主题相关音频视频资料、课文语法知识、英语专项技能训练、教师布置的各单元学习任务单以及课务通知等。

续表

传统课程设计	混合式教学设计
教学活动设计	
传统的"综合英语"课堂教学中： ·课堂点名考勤，影响课堂效率； ·学生表达观点的机会受限于时间与空间； ·课堂气氛难以调动，学生较为被动； ·课堂布置学习任务，课前课后教师指导受阻。	混合式教学设计教学中： ·应用超星学习通平台活动库里的签到功能实现全新的课堂考勤模式； ·应用超星学习通平台的讨论、聊天室、群聊等功能实现全新的交流互动模式； ·应用超星学习通平台活动库里的选人、抢答、直播等功能实现全新的课堂气氛调动模式； ·应用超星学习通平台里的通知、任务等功能实现全新的课前预习和课后复习方式。
教学评价设计	
过程性考核＋期末测试： 过程性考核主要包括考勤和平时作业提交。期末测试为统一测试试卷。	过程性考核(平时成绩＋能力评价)＋期末测试： 结合超星学习通平台上各主要板块的教学活动的设计，将学生在超星学习通平台上的表现作为评价指标，过程性考核具体评价维度设定为四个方面：课堂签到情况、作业完成情况、单元测验情况、规定任务的自主学习情况。通过平台记录、成绩统计与相关数据分析，教师对每名学生的学习轨迹和行为会有清楚的认知，为进行形成性评价提供了数据支持和依据。

三、小结

　　本节主要介绍了教学设计的三类价值取向，分别是学科内容为本、学生能力为本以及学生兴趣为本。如何更好地顺应时代发展，在新时代秉持适合的价值取向是做好教学设计的基础和前提。通过本节的学习，你应该已经知道，要做好"互联网＋"时代的混合式教学设计，教师应秉持以学生能力发展为导向，以学生学习为设计中心的价值取向。

名家语录或其他提示

　　世界上没有才能的人是没有的。问题在于教育者要去发现每一位学生的禀赋、兴趣、爱好和特长，为他们的表现和发展提供充分的条件和正确引导。

——苏霍姆林斯基

第二节
混合式教学设计的三个转变

本节学习目标

1. 阐述混合式教学设计视角的转变。
2. 阐述混合式教学设计理念的转变。
3. 阐述混合式教学设计范畴的转变。

通过前面的学习我们已经了解到，"互联网＋"时代，混合式教学的根本性目的是从促进教师的教转变为促进学生的学。与此同时，时代对人才的要求也发生了较大的变化。因而在这样的背景下，教育的目标和内容也在发生着变化，混合式教学设计也需要做出相应的改变。

一、转变设计视角：由教学设计向学习设计转变

"互联网＋"时代混合式教学的根本性目的是从促进教师的教转变为促进学生的学。相应地，教师的角色定位也发生了转变，由学科专家、知识传授者转变为学习设计者和学习促进者（冯晓英等，2019）。这种转变使得教师的设计视角也要由教学设计向学习设计转变。

那么，教学设计和学习设计这两个总是被不断提及的概念，两者之间究竟有着怎样的异同和关联呢？

教学设计是运用系统方法对教学系统进行整体规划的过程，关注设计流程的系统化、流程化，其根本目的在于帮助教师更好地把控课堂教学的全过程。

Tips

由教学设计向学习设计的转变要求教师首先要把"教"与"学"区分开，认识到教师的"教"并不等同于学生的"学"，继而从关注"如何更好地开展教学"的设计转向关注"如何更好地帮助学生有效学习"的设计。

学习设计的概念始现于20世纪90年代后期，关注以学生为中心开展动态生成的学习设计。其设计主体是学生的学习体验，设计形式是学习活动（Britain，2004；顾小清等，2013；Law et al.，2017）。学习设计的目的在于促进学生更好地学习，关注对

60

促进学生学习的方法、工具等要素的排列组合（Lockyer & Dawson，2011）。全书都以"学习设计"的视角设计全书的内容，因此后述内容均以"学习设计"为表述方式进行编排。

二、转变设计理念：由知识传递设计向能力培养设计转变

"互联网＋"时代，信息技术的广泛应用使得知识的传递和获取更加灵活、便捷和多样化。时代的发展要求新时期的教育重点培养学生的创新能力、复杂问题解决能力、交流与沟通能力以及高水平的信息素养，使学生具备高效获取、甄别、运用信息的能力（褚宏启，2018）。时代对人才要求的变化也同样使得教育的目标和重心发生了变化。

"核心素养"的提出，标志着学校教育的目标由基础知识、基本技能的习得转向学科能力、学习能力等关键能力的培养。这意味着教学目标更加关注学科知识背后的思维、方法、能力、价值旨趣。教学目标的转变其实意味着教师在设计教学时价值观或设计理念的转变，即需要教师的学习设计价值观由学科知识为本的设计转向能力为本、学生为中心的设计。

然而，长期以来在"学科知识为本"设计理念的指导下，大部分教师的学习设计都保留两个惯性：

第一，难以将教学内容与教学目标区分开来；

第二，以教师的讲授为主，教师是知识的传递者，学生是知识的接受者。

如果依然以"学科知识为本"的设计理念来指导混合式学习设计，混合式学习就只是实现知识传递方式的变化而无法实现教学模式的根本性变化，无法达成培养兴趣与能力、发展核心素养的目标。

> **Tips** 👉
>
> "互联网＋"时代的混合式学习设计要求教师和教学设计者必须首先转变设计理念，真正由学科知识为本的设计转向能力为本的设计，由知识传递的设计转向能力培养的设计，如此方能打破设计惯性，帮助学生学会学习、发展能力。

三、转变设计范畴：由前端设计转向全过程设计

霍姆伯格曾提出远程教学系统包括两大子系统：课程设计与开发系统以及学习支持服务系统。这种对于远程教学系统的划分，其实质上是将学习前的设计开发与

学习过程中的支持分离开来(丁兴富，2001)。从系统组织与管理的角度看，这种划分突出强调了在线教学中的两大关键功能要素，对于指导远程教育实践起到了重要作用。

然而这种划分也存在一些弊端。从教学的角度看，这种划分将学习设计割裂开来，将学习设计简单划归为第一个子系统。这就导致了目前实践中对在线教学和混合式教学的误解，即在线教学和混合式教学就是基于在线资源的学习，在线学习设计和混合式学习设计就是设计、开发在线资源(如视频等)。这种误解的直接表现是对学习过程中学习支持的设计重视不够，这也是目前MOOC课程辍学率高的重要原因之一。

MOOC是旨在进行大规模学生交互参与和基于网络的开放式资源获取的在线课程。课程具有明确的课程目标、课程主题、时间安排、作业、测试等，并按照主题之间的逻辑关系合理地组织和编排课程内容，每个主题单元均包括课程视频、学习材料、测试练习、讨论等。除此之外，在课程学习过程中教师会针对学生学习情况举行答疑活动，提供认知和情感上的支持；相关技术人员会针对学生面临的技术问题提供系统上的支持。前者课程视频和资料的开发属于课程设计与开发系统，后者答疑服务、客服技术支持属于学习支持服务系统。目前，即使MOOC课程使得教育资源获取成为可能，但仍存在由于学习支持服务提供不足而没有得到学生积极参与的问题。

案例 4.2

MOOC 课程

课程设计与开发系统	学习支持服务系统
课程视频	答疑服务
学习材料	客服技术支持
测试练习	教师个性化支持
……	……

我们首先达成共识的一点是，混合式学习设计的目的不是支持教师的教，而是支持学生的学。因此，混合式学习设计不仅需要关注前期的设计与资源开发，更需要关注学生学习过程中对学生学习支持的设计。教师要设计成功的混合式学习，既要了解混合式课程的建设包含前期的课程设计开发与学习过程中的学习支持两个主要环节，又要从学习设计的角度思考学习设计，即将前期的设计开发与学习过程中的学习支持打通，看作一个整体进行设计。如此，才能真正做到"混合"。

四、小结

"互联网＋"时代，教师需要做到三个转变，即设计视角、设计理念和设计范畴转变；做到由教学设计向学习设计转变、由知识传递设计向能力培养设计转变，以及由前端设计向全过程设计的转变，这是时代发展对学习设计提出的必然要求。通过本节的学习，你应该知道，想要做好"互联网＋"时代的混合式学习设计，教师的设计视角、设计理念、对设计范畴的理解都需要发生转变，这些转变都为教师带来了不小的挑战。

名家语录或其他提示

你不能两次踏进同一条河流，因为新的水不断地流过你的身旁。

——赫拉克利特

第三节
混合式教学设计的三个关键词

🎯 **本节学习目标**

1. 理解混合式教学核心目标设计的内涵。

2. 理解混合式教学学习体验设计的内涵。

3. 理解混合式教学学习支架设计的内涵。

要想实现灵活有效的混合式教学，教师除了需要做好上一节提到的三个转变，还需要重点关注三个要素的设计：核心目标设计、学习体验设计以及学习支架设计。

一、关键词一：核心目标设计

"互联网＋"时代的混合式学习设计的根本目的是促进学生的学，那么首先就要厘清学生到底需要学会什么。成功的混合式学习设计首要的一步是学习目标的设计。

Tips
　　你需要注意的是，这里所说的学习目标，并非传统教学中所熟知的认知领域目标，也不是知识、技能、情感态度三维目标，而是凌驾于这些具体目标之上的核心目标，是一门课、一个单元、一节课的核心目标。

　　在长期占主导地位的"学科知识为本"设计理念的指导下，目标设计一直是教师们教学实践中的难点也是痛点。学科知识为本的学习设计以知识习得作为教学目标，使得教学关注的是低层次目标（知识习得）而非高层次目标（能力培养），这就很容易导致教师们难以很好地将内容与目标区分开。

　　要想解决这个问题，需要教师和学习设计者跳出学科知识点的层面，透过现象看本质，透过内容看能力；找出知识点、学科内容背后的支撑性的方法、思维、能力等，并抽取出最关键的能力或方法，也就是教学的核心目标。这是混合式学习设计的第一个关键词。

二、关键词二：学习体验设计

　　纳利—美教育基金会（Nellie Mae Education Foundation）认为学习体验是"学生在学习过程中对课程、教学活动、教学交互、学习环境等所产生的体验"。如果说学科知识习得是现象，能力发展是本质，那么创设学习体验就是解决方案或手段。无论是"互联网＋"时代的混合式学习，还是学习设计的定义，都强调其设计的主体是学习体验，学习体验的设计是混合式学习设计的第二个关键词。

　　由学科知识为本的设计理念转向能力为本的设计理念，是在不同教学目标导向下教学模式的转变，需要由以讲授式教学为代表的替代性教学转向以探究式教学为代表的生成性教学，其本质也是从"以教为中心"向"以学为中心"的转变。因此，设计的主体也由教学资源的设计转向学习体验的设计。

　　学习体验设计的目的是支持生成性学习，促进学生的能力发展。学习体验设计通过创设问题情境、设计学习活动、设计学习交互、设计学习资源等帮助学生有效、高效达成个性化的学习目标。

三、关键词三：学习支架设计

　　"互联网＋"时代的混合式学习设计的第三个关键词是学习支架。

支架式教学

支架式教学是"在共同的问题解决活动中，教师和儿童之间温暖的、愉快的合作，在这种合作过程中，教师通过提供敏感的、适当的帮助，促进儿童发展，当儿童技能提高时，让他们承担更多的责任，从而支持儿童的自立、自治、自主、自发性"。（L. E. Berk & A Winsler，1995）

学习支架设计为何如此重要？首先，混合式学习中教师的角色发生了变化，由知识的传递者转变为学习的设计者和学习的支持者（冯晓英等，2019）。其次，以"促进学生更好地学"为目标，混合式学习设计需要关注全过程的设计，包括学生学习过程中学习支持的设计。因此，教师在进行混合式学习设计时，除了关注如何为学生创设真实的个性化的学习体验，还要关注如何在学生学习过程中为学生搭建支架，从旁协助，引导、帮助学生完成学习任务，达成学习目标。

作为混合式学习的一部分，在线学习、移动学习在带来灵活性、拓展学习空间等的同时，也带来了挑战，如对学生自主学习能力的要求、教与学时空分离引发的困难等。相比讲授式教学模式下学生被动地接受知识，在能力为本、以学生为中心的理念的指导下，充分发挥学生主动性的探究性学习也对学生提出了更高的要求和挑战。

正是因为混合式学习面临了很多挑战，混合式学习过程中教师提供更加细致、精准的学习支架才显得尤为重要。混合式学习中学习支架的设计涵盖的范围较广，一般可以体现在学习活动步骤的设计、学习资源与工具的设计等方面。

四、小结

教师只有真正关注到三个要素的设计，即核心目标设计、学习体验设计以及学习支架设计，以学生为中心，以促进学生的学为出发点，才能真正实现灵活有效的混合式学习设计。通过本节的学习，你应该知道要做好灵活有效的混合式学习设计并不是一件容易的事，接下来的学习将会为你深入揭开混合式学习设计全过程的神秘面纱。

名家语录或其他提示
失败了，你可能会失望；但如果不去尝试，那么，注定要失败。

——贝弗利·西尔斯

🔍 学习活动建议

同学之间就混合式学习设计的设计原则进行批判性交流和思考，深刻理解设计原则背后的逻辑。

本章小结

"互联网＋"时代混合式教学的本质是为了促进学生的学，这意味着教学目标由关注知识习得转向了关注能力发展和兴趣培养，学习设计目标由关注"促进教师的教"转向了"促进学生的学"，这也就意味着学习设计的价值取向发生了变化，相应的教学模式、策略和方法也需要发生变化。

这种价值取向的变化导致了混合式教学设计的三个转变，即设计视角上需要由教学设计向学习设计转变，设计理念上需要由知识传递设计向能力培养设计转变，设计范畴上需要由前端设计向全过程设计转变。同时，教师还需要关注混合式学习设计的三个关键词，即核心目标设计、学习体验设计、学习支架设计。

希望本章介绍的混合式教学设计的价值取向和设计原则能够帮助学生更好地理解"互联网＋"时代混合式教学设计的重要价值和原则，为接下来进一步学习如何开展混合式学习设计打好基础。

总结>

关键术语

核心目标　Core Objective
学习体验　Learning Experience
学习支架　Learning Scaffold

应用>

批判性思考

本章提到了三种教学设计的价值取向，你更倾向于哪一种？你认为这三者之间有什么关联吗？结合所学，谈一谈你认可的混合式教学设计的价值取向。

体验练习

一、简答题
1. 请说出混合式教学设计的三个转变的内容，并用自己的话进行解释。
2. 请说出混合式教学设计的三个关键词，并用自己的话进行阐述。
二、论述题
结合本章内容，总结一下混合式教学的设计原则，并对其进行论述。

第五章

混合式学习设计模式

本章概述

　　本章的学习目的在于让同学们理解混合式学习设计的典型模式以及核心目标导向的混合式学习设计模式，以便于更好地设计高质量的混合式学习。本章共包括 2 节内容。第一节介绍混合式学习设计的典型模式。第二节介绍核心目标导向的混合式学习设计模式。

内容导图

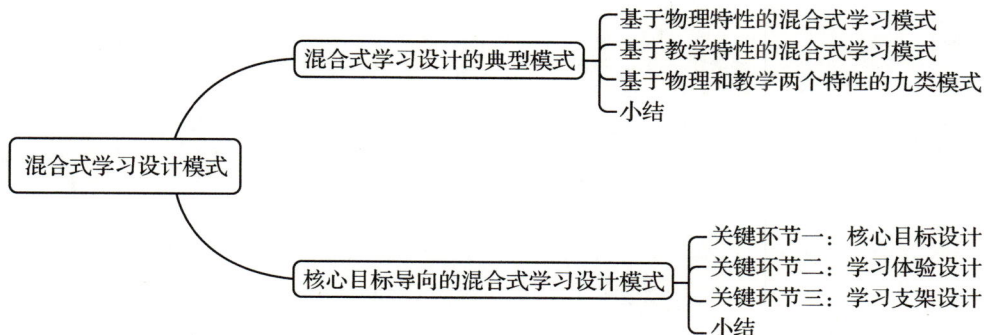

学习
目标

1. 理解混合式学习设计的九类模式。
2. 掌握核心目标导向的混合式学习设计模式。

读前
反思

　　第五章将介绍混合式学习设计的典型模式以及核心目标导向的混合式学习设计模式。在学习本章之前，请你思考以下问题。

　　1. 请你回忆一下你学习或了解过的混合式学习设计，这些设计在线上线下的时间分配上是怎样的？

　　2. 不同类型的混合式学习设计，教师所采取的教学策略是否存在差异？

　　3. 你对现有的混合式学习设计的模式是否有过了解？如果有，你认为"互联网＋"时代混合式学习设计应该具有哪些特征？

　　章内栏目

　　在了解混合式学习设计的原则之后，某学校的教师对于开展混合式教学设计充满了信心，但是在此之前，学校让教师进行一些实际案例的学习。在此过程中，不少教师反映目前混合式学习设计虽然已有不少案例，但是这些案例的使用情境有着较大的差异，自己在学习完后仍然不能很好地用于具体的学习设计。因此，总结一套适用于"互联网＋"时代背景下的具有可操作性的混合式学习设计模式十分有必要。

　　本章旨在为学生介绍混合式学习设计模式，希望在本章的学习结束后，学生可以对混合式学习设计模式有一个较为全面的认识，并能尝试将其运用在自己的教学设计中。

第一节
混合式学习设计的典型模式

本节学习目标

　　1. 阐述两种维度下的混合式教学设计模式。

　　2. 理解九种类型的混合式教学设计模式。

　　随着混合式教学发展到技术整合阶段（2007—2013 年）和"互联网＋教育"阶段（2014 年至今），围绕有效开展混合式教学的一个关键词是"再设计"——在混合式学习环境下，我们需要对教学模式和教学策略进行再设计。

　　混合式学习的关键就在于通过对课程进行再设计，从而为学生创设积极的、协作的学习体验，以此来帮助学生主动参与学习并积极建构自己对知识的理解。

教学模式

　　教学模式是指在一定的教育思想、教学理论和学习理论指导下的、在某种环境中展开的教学活动进程的稳定结构形式（何克抗，1997）。

　　为了更好地帮助和指导教师基于混合式学习的理念对课程进行再设计，不少研究者提出了基于自身实践案例的混合式学习模式。这些模式看起来大同小异，具体又有所不同。那么，混合式学习的模式到底有哪些？我们该如何对其进行分类？本章将从混合式学习的物理特性和教学特性两个维度，对混合式学习模式进行分类。

一、基于物理特性的混合式学习模式

　　从物理特性维度看，依据不同的学习方式在混合式教学中所占的比重，可以将混合式学习模式分为三类：线下主导型混合式学习、线上主导型混合式学习和完全融合型混合式学习。

（一）线下主导型混合式学习

　　此类混合式学习模式，以面授的现场教学、交流、讨论为主导，基于在线和移动技术的学习为辅。在此类模式中，在线教学和移动学习方式主要用于呈现、扩展教学资源。例如，教学视频等或者用于延伸课堂讨论。

(二)线上主导型混合式学习

此类混合式学习模式，以基于在线教学和移动学习的自主学习为主，面授的现场教学和讨论为辅。最典型的是目前常见的一类模块化混合式学习：面授(工作坊)＋数周的在线学习和讨论＋面授(工作坊)。

(三)完全融合型混合式学习

此类混合式学习模式，打破了前两种模式明显的模块式痕迹，将线下现场的面授教学、基于网络的在线教学、移动学习三种方式完全融合、无缝连接。

二、基于教学特性的混合式学习模式

从教学特性维度看，依据所采用的教学法，我们可以将混合式学习模式分为三类：讲授式混合式学习、自主式混合式学习、交互/协作式混合式学习。

(一)讲授式混合式学习

在此类混合式学习模式下，教师主要采用讲授式为主的教学法。教师主要通过讲授、讲座的形式传递知识，无论通过面授现场讲授，还是通过在线的讲座视频或是移动终端的微课视频。学生通过聆听教师讲座(视频)的方式、完成作业的方式，被动地参与学习。

(二)自主式混合式学习

在此类混合式学习模式下，学生主要通过自主学习的形式，学习在线或移动终端的学习资源，参与面授现场的学习和交流，参与在线论坛或移动终端的交流、讨论等。学生根据自己的学习步调、基于混合式的学习环境，进行主动的自主学习。

(三)交互/协作式混合式学习

在此类混合式学习模式下，教师为学生设定一定的学习活动和任务，创设恰当的学习情境，支持学生在与同伴的交流与协作过程中，共同形成对问题的理解或是形成对任务的解决方案。在此过程中，教师根据需要选择恰当的学习方式(如面授、在线教学、移动学习)来支持学生的交互与协同知识建构。

三、基于物理和教学两个特性的九类模式

基于大量的案例调研分析，我们依据此框架，从物理特性和教学特性两个维度，将混合式学习模式划分为九类（如图 5-1 所示），分别为线下主导＋讲授式、线下主导＋自主式、线下主导＋交互/协作式、线上主导＋讲授式、线上主导＋自主式、线上主导＋交互/协作式、完全融合＋讲授式、完全融合＋自主式以及完全融合＋交互/协作式。该分类框架基本能够涵盖并描述目前已有的混合式教学实践。

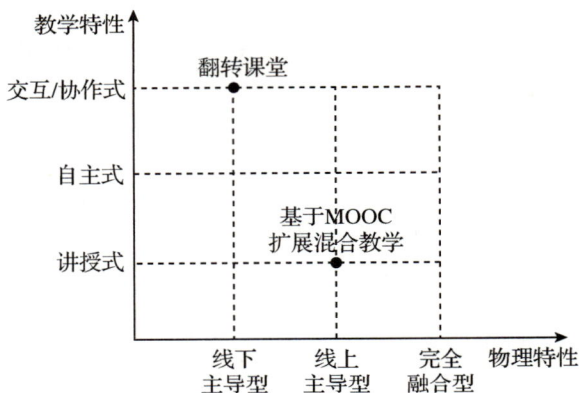

图 5-1　混合式学习模式的分类框架

（一）线下主导＋讲授式

即以面授的现场教学、交流、讨论为主导，以在线和移动技术的教学为辅，教师主要通过讲授、讲座等形式传递知识。

案例 5.1

线下主导＋讲授式

石河子大学的"放射诊断学"课程采用的是面向大学生的线下主导＋讲授式翻转学习模式。学生可以通过线上平台进行课程学习、查看作业，线下教师进行传统的面授教学，教师每两周末进行集中理论测试以督促学生学习。

（二）线下主导＋自主式

即以面授的现场交流讨论为主导，以在线和移动技术支持下的自学为辅，学生在教师的引导下根据自己的学习步调进行主动的自主学习。

案例 5.2

线下主导＋自主式

学堂在线平台上某高校 2017 年秋季学期开设的"毛泽东思想和中国特色社会主义理论体系概论"慕课，是基于慕课和雨课堂的线下主导＋自主式的混合式教学实践。课前，教师按照预先设定好的教学进度为学生布置相关的慕课学习内容。同时，教师通过雨课堂于课前推送相关的预习内容，进行重要知识点的前测，以收集学生遇到的难点问题。课中，教师在课堂上使用雨课堂引导学生进行自主学习。课后，教师可以通过平台发布测试等巩固学生的学习(韩森，2018)。

(三)线下主导＋交互/协作式

即以面授的现场学习、交流和讨论为主导，以在线和移动技术支持下的交流学习为辅，学生通过与同伴进行交流与协作，形成对问题的理解或对任务的解决方案，最终完成自己的知识建构。

案例 5.3

线下主导＋交互/协作式

东莞职业技术学院的"劳动与社会保障法"课程采用面向高职生的线下主导＋交互/协作式的混合式学习模式。教师在教学前就通过网络平台先给学生布置作业和分组任务，让学生主动学习、提前准备、分工合作，这样学生就能"带着问题"上课。在实际教学过程中，教师有计划、分步骤地组织实施教学过程：首先，依据选定的情境案例、项目任务等实践项目对学生进行分组分工；其次，将整理好的案例材料等资料分发给学生，并分别对每组学生提出问题，引导学生讨论并形成综合意见；最后，教师根据学生个人和各组的表现进行评价，给出建议。教师针对不同的教学内容的特点，采用小组研讨、课堂展示、角色扮演、情境模拟、小游戏等多样化教学方法来组织课堂教学，以学生为中心，以教师为主体，坚持问题导向(雷雨 & 陈绮霞，2018)。

(四)线上主导＋讲授式

即以基于在线教学和移动学习的自主学习为主，以面授的现场教学和讨论为辅，教师主要通过讲授、讲座等形式传递知识。

👤 案例 5.4

线上主导＋讲授式

面向南洋理工大学和印第安纳大学学生的一门健康教育课程采用线上主导＋讲授式的混合式学习模式，提供学习资源的光盘以及线上学习平台。学生通过学习资源的光盘进行线上学习。在整个课程学习的过程中都可以通过线上学习平台进行讨论、沟通，学生也可以进行线上测试。此外，学期内有 6 次线下面授，学期开始前有一次线下工作坊(Hyo-Jeong & Thomas，2008)。

(五)线上主导＋自主式

即以基于在线教学和移动设备的学习为主，以面授的现场讨论为辅，在教师的引导下，学生根据自己的学习步调进行主动的自主学习。

👤 案例 5.5

线上主导＋自主式

哈丁(Harding)等人在 2012 年设计并开发了一门大学微积分课程，该课程是为住校生开设的，没有很正式的线下课程，有时会在线下进行面对面会议，学生每周至少需要访问网站 2~3 次，超过一半的评估是在网上完成的，师生之间的学习交流也主要在网上(Harding et al，2012)。这是比较典型的线上主导＋自主式的混合式学习模式。

(六)线上主导＋交互/协作式

即以基于在线教学和移动学习的自主学习为主，以面授的现场教学和讨论为辅，学生通过与同伴进行交流与协作，形成对问题的理解或对任务的解决方案，最终完成自己的知识建构。

👤 案例 5.6

线上主导＋交互/协作式

印度尼西亚的某个幼儿教师教育培训课程通过在线平台进行以视频会议为主的在线面对面活动以及以交流讨论为主的教程活动，在进行了 25 个工作日之后进行线下培训，以及线下评估和报告活动，为学习者解决各种问题。这门课程主要通过学习者和教师之间的交互活动进行学习，并且以线上学习为主(Arlina et al.，2018)。

(七)完全融合＋讲授式

即将线下现场的面授教学、基于网络的在线教学、移动学习三种方式完全融合、无缝连接，教师主要通过讲授、讲座等形式传递知识。

案例 5.7

完全融合＋讲授式

袁磊等人于 2012 年设计开发了一门完全融合＋讲授式的混合式学习模式课程——摄影基本技术课程。在课前、课中和课后教师会结合微信进行资料发布、学习交流等教学流程，将微信的使用贯穿于整个讲授式的课堂当中。经验证该混合式教学模式能够顺利完成摄影基本技术课程的教学目标，很好地培养学生的思维和动手能力，提高学生的参与意识(袁磊等，2012)。

(八)完全融合＋自主式

即将线下现场的面授教学、基于网络的在线教学、移动学习三种方式完全融合、无缝连接，学生在教师的引导下根据自己的学习步调进行主动的自主学习。

案例 5.8

完全融合＋自主式

国家开放大学有一门面向高职教育计算机应用技术专业学生的课程——响应式 Web 设计课程，该课程把面授教学与在线教学(活动)有机结合起来。教师制作微课视频，学生可以在线学习、讨论。教师发布学习任务单后，学生完成任务，并进行小组内互评和组间互评。在面授教学中，小组进行总结和应用，教师答疑解惑，提高和拓展知识的深度与广度(邹丽霞，2016)。

(九)完全融合＋交互/协作式

即将线下现场的面授教学、基于网络的在线教学、移动学习三种方式完全融合、无缝连接，学生通过与同伴进行交流与协作，共同形成对问题的理解或对任务的解决方案，最终完成自己的知识建构。

案例 5.9

完全融合＋交互/协作式

2016 年北京市幼儿园新入职教师网络研修项目，以"培养幼儿园新入职教师保育教育实践能力"为目标，设计开发了模块化网络课程，开展线上与现场互动研修，设立双导师制、基于自主学习与实践的作业制度，形成了有益于幼儿教师专业发展的混合学习和研修实践共同体，创建了富有成效的混合式教师研修特色课程。本案例采用了完全融合的混合式学习，跨越了教学媒体的界限，将线下现场的面授教学、基于网络的在线教学、移动学习三种方式完全融合、无缝连接(高勤丽，2016)。

四、小结

模式是一种再现现实的理论性的、简化的形式，教学模式是指在一定的教育思想、教学理论和学习理论指导下的，在某种环境中展开的教学活动进程的稳定结构形式(何克抗，1997)。本节基于物理特性和教学特性两个维度提出了九类混合式学习模式，这对于学习设计者而言就是设计的一个稳定的宏观框架，能够对学习设计起到指导作用。你可以根据实际情境选择适宜的混合式学习模式设计并开展有效的学习。

名家语录或其他提示

如果你的工具只有一柄铁锤，你就可能认为所有的问题都是铁钉。

——马斯乐

第二节
核心目标导向的混合式学习设计模式

本节学习目标

1. 理解混合式学习设计模式的三个关键环节。

2. 掌握混合式学习设计模式的十个步骤。

在"互联网＋教育"的背景下，混合式教学呈现出井喷式发展，创新人才的培养、教育教学的改革都在呼唤混合式教学，社会各界也在关注混合式教学(冯晓英等，2018)。然而，一方面，从文献上看几乎每一个混合式教学实践案例都会提出一个混合式学习设计模式；另一方面，在实践中面对形形色色的混合式学习设计模式，研究者与实践者又都在困惑与迷茫："互联网＋"时代混合式学习的设计与二十年前的混合式学习设计有何不同？到底该如何设计一个成功的混合式学习设计模式？

在"学生能力/兴趣为本"的价值取向及混合式学习设计原则的指导下，基于多年开展混合式学习设计的实践与研究，冯晓英等提出了核心目标导向的混合式学习设计模式(图 5-2)(冯晓英等，2018)。

该模式包括三个关键环节、十个步骤。三个关键环节分别是核心目标设计、学习体验设计、学习支架设计；十个步骤包括确定核心目标、细化目标设计、学习模式与策略设计、启发性话题与情境设计、学习活动整体设计、混合式学习路径设计、学习活动细化设计、学习评价设计、学习支持设计、学习资源与工具设计。其中，步骤 1～2 对应核心目标设计，步骤 3～6 对应学习体验设计，步骤 7～10 对应学习支架设计。本章将深入介绍核心目标导向的混合式学习设计模式的步骤，让学生对混合式学习设计的流程有一个整体的概览。

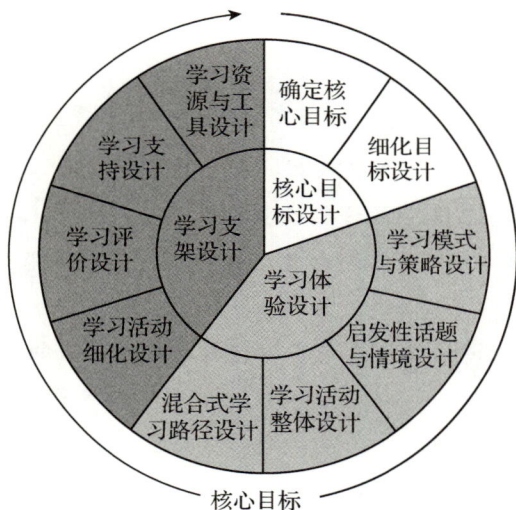

图 5-2　核心目标导向的混合式学习设计模式

一、关键环节一：核心目标设计

(一)步骤 1：确定核心目标

第一步是确定核心目标。要求教师依据但不限于学科知识点，预设学生参与课程学习能够获得的关键性学习成果和产出，找出知识点、学科内容背后支撑性的方法、思维、能力等，并抽取出最关键性的能力或方法，作为教学的核心目标。

核心目标

培养学生的创新精神和实践能力是实施素质教育的核心目标，其强调从"以知识为中心"向"以创新精神和实践能力为核心"转变(王桂亮等，2014)。

设计核心目标其实就是要回答一个关键性问题：学生通过课程学习最需要掌握什么知识、能力或方法？

以下三个问题可以引导进行核心目标设计：

①这门/节课最核心/关键性的内容是什么？

②学生最希望获得什么？

③学生学习中的关键难点在哪儿？

上述三个引导问题分别指向学习内容分析、学习结果分析、学习需求分析。

(二)步骤2：细化目标设计

第二步是将确定的核心目标进一步转化、分解为具体的教学目标和学习目标。在这个环节中，你需要思考的问题是：为了达成此核心目标，学生需要有哪些关键性产出？

细化目标

细化目标是指在课程与教学实践领域，将教学目标分为三个层次：第一层次是课程总目标，它描述在某一教学阶段课程设置所要实现的总目标，主要体现在"课程纲要"和"培养方案"中；第二层是相对具体的目标，描述一门课程所要达到的目标，主要体现在学科或领域的"课程标准"中；第三层次是具体的、情境化的、可操作的教学目标，是对某一门学科或课程的具体内容进行教学所要达成的目标的描述，是对上一级目标进行具体的分解和层层落实，一般称之为"课堂教学目标"，具体体现在教师的课堂教学设计中（黄伟，2007）。

步骤2将形成教学目标和学习目标。在以学生为中心的理念的指导下，混合式学习设计需要克服仅从教师或知识内容的角度设计教学目标，要重点从学生的角度设计学习目标，并将学习目标用形象的语言告知学生：通过学习，学生有哪些主要收获？能够解决什么问题？

二、关键环节二：学习体验设计

(一)步骤3：学习模式与策略设计

从上一阶段确定的核心目标出发，第三步是学习模式与策略设计。例如，围绕核心目标适合采用案例式教学，还是项目式教学？

教师需要从学生的视角出发，因而学习模式是假定能够使学生达到最佳学习状态的方法，学习策略旨在帮助学生提高学习效果和效率，从而达成有效学习的学习过程方案。学习模式和策略设计也是学习体验设计的首要环节。

（二）步骤 4：启发性话题与情境设计

情境教学是教学实践中常用的策略，常用以激发学生的学习兴趣、创设任务情境。然而，如果缺乏清晰的核心目标引导，情境教学就很可能成为教学中孤立的一环，难以真正有效实施。如何真正发挥情境教学的作用，让情境教学与其他教学环节相互呼应、前后贯通，将会是学习情境创设的难点。

因此，核心目标导向的混合式学习设计模式的第四步是启发性话题与情境设计。在明确了教学的核心目标后，教师需要首先设计启发性话题，再创设学习情境，并且借助启发性话题让学习情境设计与核心目标相契合。

启发性话题是契合核心目标所衍生出的，既符合学生的已有知识和经验基础，又能激发学生兴趣的核心话题。例如，"怎样才是一个好的开题报告""如何甄别网络上养生信息的真假"，等等。在启发性话题引导下，教师可进一步围绕该话题创设学习情境。因此，启发性话题其实就是学习情境创设与核心目标之间的设计桥梁，帮助学习情境设计与核心目标相契合。

（三）步骤 5：学习活动整体设计

第五步是学习活动整体设计，即教师需要初步确定学习者参与课程学习、达成学习目标的关键学习路径。

学习路径是学习内容或学习活动的序列，也是学习步骤的呈现或指引。在步骤 3 所选择的学习模式与策略设计、步骤 4 所设计的启发性话题与情境设计的引导下，教师需要进一步思考：怎样的学习路径、学习活动序列能够帮助学习者有效达成教学的核心目标？在整体设计时以教学的核心目标为导向是非常重要的，只有如此方能够保证聚集学习活动、突出教学重点。

在进行学习活动整体设计时需要注意：

第一，学习活动任务要适量（陈丽等，2008），避免任务过载；

第二，学习活动的设计应指向学习目标，同时与学习情境相适应，并符合学生的认知发展特点。

（四）步骤 6：混合式学习路径设计

步骤 6 将直接解决"如何混合"的问题，即需要进行混合式学习路径设计。

在这个环节你需要考虑以下两点：

第一，在宏观层面，将选择怎样的混合模式？例如，是"线下主导＋讲授式"混合式教学模式，或是"线下主导＋交互/协作式"混合式教学模式，等等。

第二，在微观层面，混合式学习路径如何设计？即基于步骤 5 的学习活动整体设计，哪些活动将采用线上学习，哪些活动将采用线下学习，等等。在考虑混合式学习模式和混合式学习路径设计的过程中，有可能需要返回步骤 5 对学习活动整体设计的结果进行优化与调整。

三、关键环节三：学习支架设计

(一)步骤 7：学习活动细化设计

步骤 7 是在前序设计的基础上进行细化设计，即细化并完善学习活动的步骤和描述。

学习活动细化设计实质是为学生的学习搭建支架，是支撑混合式学习顺利实施的必要环节。在混合式学习设计中，为了保证学习者自主参与学习活动，要求教师从个人学习过程的角度设计学习者的学习活动，以便学习者能够从整体上了解个人学习所要经历的阶段和每个阶段应完成的任务。活动细化设计包括六个部分：活动名称、活动目的、活动计划/时间、活动要求、活动指导、活动评价及规则。每一个学习活动应当有指向清晰的学习目标。

学习活动细化设计的一个关键难点是学习活动步骤的设计，或者说学习步调的确定。学习步调的大小，体现了学习支架的强度。一般来说，步调越小，步骤越细，支架强度越高。然而，支架强度并非越大越好。过细的步骤、过高的支架强度，也有可能造成学习任务的琐碎和学生的倦怠情绪。因此，学习活动步骤的设计要遵循最近发展区原则，了解学生的学习状态和学习能力非常重要。

(二)步骤 8：学习评价设计

混合式学习评价通常采用形成性评价与总结性评价相结合的评价方式。每一个学习活动或一组学习活动之后，都需要考虑是否需要设计学习评价。混合式学习评价通常也会以学习活动或者学习活动中的步骤呈现。混合式学习评价应当是目标导向的，每一个评价活动都应当与学习活动所指向的学习目标对应。

在进行评价设计时，教师需要重点考虑三个方面：

第一，评价内容，即评价什么？通常混合式学习的评价内容是某个学习活动的过程或成果。

第二，评价主体，即谁来评价？通常可选择由学习者自我评价、同伴评价或教师评价。

第三，评价方式，即如何评价？如通过在线平台进行评价或面对面评价，书面评价或口头评价，正式评价或非正式评价，等等。有些正式的关键性评价活动还需要设定评价标准。

(三)步骤 9：学习支持设计

通过前面的学习，教师已经知道混合式学习设计应当是全过程的设计，不仅包括前期的教学设计，还包括学习过程中可能需要的学习支持设计。在混合式学习中教师提供的学习支持应当包括两类：一类是在学习设计环节预设的学习支持，另一类是在学习实施过程中提供的动态的学习支持服务。

学习支持设计是设计的第九步，即在混合式学习设计阶段，教师需要预先设计学习支持，针对学生在学习过程中可能遇到的疑难点以提供适当的学习支架支持。例如，在学习讨论区中可以设计启发性问题引导学生展开思考和讨论，或者提供一个学习案例引导学生进行分析，等等。

(四)步骤 10：学习资源与工具设计

第十步即最后一步，是学习资源与工具设计。这里的学习资源设计，不同于教学资源设计。学习资源设计是为了支持学生的学，是为学生的学习搭建的支架，而教学资源设计是为了支持教师的教，是教师讲授的替代形式。

在完成以上九个步骤的设计后，教师需要在细化设计方案的基础上进一步考虑：学生在哪些环节或步骤可能会遇到困难，包括技术困难、学术性困难等，继而有针对性地设计和开发设计资源与工具，可能包括 PPT、视频等学习资源，可能包括课后习题、试卷等评价工具，可能包括 QQ 群、微信群等技术群，还可能包括学习指导手册、时间安排表等操作性工具。表 5-1 呈现了主要的设计资源与工具。

表 5-1　核心目标导向的混合式学习设计——设计资源与工具

类型	学习资源	评价工具	技术工具	操作性工具
示例	PPT 视频 阅读材料 典型案例 资源链接 ……	课后习题 试卷 量表 作品量规 评价框架 ……	QQ 群 微信群 成果分享区 小组讨论区 有道笔记 ……	学习指导手册 时间安排表 分组/分工指南 案例模板 投票工具 ……

四、小结

"互联网+"时代的混合式教学设计要贯穿核心目标的引导，包括三个关键环节、十个步骤。三个关键环节分别是核心目标设计、学习体验设计、学习支架设计；十个步骤包括确定核心目标、细化目标设计、学习模式与策略设计、启发性话题与情境设计、学习活动整体设计、混合式学习路径设计、学习活动细化设计、学习评价设计、学习支持设计、学习资源与工具设计。

项目式学习活动 1：小组选题

　　请你与同学组成学习小组，建议 3～5 人一组。在本课程中，你和你的小组将一起完成一个单元或模块的混合式教学设计。请你与你的小组一起讨论并选择一个感兴趣的学科与主题，作为后续开展混合式教学设计的选题。

名家语录或其他提示

合抱之木，生于毫末；九层之台，起于累土；千里之行，始于足下。

——《道德经》

学习活动建议

　　通过案例调研，深入理解不同类别的混合式学习设计模式的特征。

　　通过小组讨论，厘清第五章与第四章内容之间的逻辑关系，更加深刻地理解核心目标导向的混合式学习设计模式的内涵与意义。

本章小结

　　"不确定该如何混合"是目前混合式教学实践中的难点，其根本原因在于学习设计缺少核心目标的引导，其设计是内容导向而非目标导向。解决目前混合式学习设计中的难点和误区，需要认识到"互联网＋"时代混合式学习的本质是为了促进学生的学，这就意味着学习设计的相应的学习模式、策略和方法需要发生变化。

　　本章首先对现有的典型的混合式学习设计模式进行整合分类，提出了混合式学习模式的分类框架，将现有的典型的混合式学习模式分为九类。在此基础上，基于第四章混合式教学的设计原则，介绍了"三环节、十步骤"的核心目标导向的混合式学习设计模式，以帮助教师理解核心目标引导的混合式学习设计的全流程。

　　通过本章的学习，你对于混合式学习设计的流程已经有了大致了解，接下来几章将深入介绍混合式学习设计的每个步骤，以帮助你真正掌握混合式学习设计的能力。

总结>

关键术语

设计模式　Design Patterns
互联网＋　Internet＋
核心目标　Core Objective

应用>

批判性思考

你认为设计模式是否有存在的必要？如果有，其存在的意义是什么？

体验练习

一、简答题

1. 阐述两种维度下的混合式学习设计模式。

2. 阐述九种典型的混合式学习设计模式。

二、论述题

请你用自己的话说出核心目标导向的混合式学习设计模式的三个环节和十个步骤。你认为其中哪一个环节/步骤比较困难，说明你的原因。

第六章

混合式学习的目标设计

本章概述

　　本章的学习目的在于让同学们了解并掌握混合式学习的目标设计的过程与方法，并能够运用这些方法开展混合式学习的核心目标设计与细化目标设计。本章共包括 3 节内容。第一节介绍混合式学习核心目标的概念、意义及其内涵，并对已有的学习目标体系进行介绍。第二节介绍课堂学习目标设计中存在的问题以及如何设计混合式学习的核心目标。第三节介绍如何参照混合式学习的核心目标进行混合式学习的细化目标设计。

内容导图

```
                                        ┌─ 混合式教学目标
                        什么是核心目标 ──┼─ 混合式学习核心目标
                      ／                 └─ 小结
                     ／
                    ／                   ┌─ 课堂教学目标设计存在的问题
  混合式学习的目标设计 ── 核心目标设计 ──┼─ 设计混合式学习核心目标
                    ＼                   └─ 小结
                     ＼
                      ＼                 ┌─ 教学细化目标
                        细化目标设计 ────┼─ 设计混合式学习细化目标
                                        └─ 小结
```

**学习
目标**

1. 能够了解各类目标分类体系。
2. 能够陈述核心目标的概念。
3. 能够设计混合式学习核心目标。
4. 能够设计混合式学习细化目标。

**读前
反思**

本章介绍混合式学习核心目标以及如何设计核心目标与细化目标，在学习本章之前，请你先想一想：

1. 目标设计为什么对学习设计很重要？其意义何在？
2. 进行学习设计时通常怎样设计目标呢？
3. 如何区分教学目标和教学内容（知识点）呢？

【章内栏目】

教学目标是教学设计的出发点和落脚点。教学目标可以提供分析教材和设计教学活动的依据。而学习目标描述具体的行为表现，能为学习评价提供科学依据；学习目标可以激发学生的学习动机；学习目标可以帮助教师评鉴和修正教学的过程。长期以来，目标设计一直是教学设计中的薄弱点，很多教师将知识点等同于学习目标。高质量的混合式学习，首先要有清晰的学习目标。

希望本章结束后，同学们能对混合式教学的目标设计有更为清晰的认识，能够独立完成混合式学习的目标设计。

第一节
什么是核心目标

🎯 **本节学习目标**

1. 能够了解各类目标分类体系。

2. 能够阐述核心目标的概念。

教学目标是教育科学体系的重要概念，是教学论研究的重要议题与核心范畴。在学习设计中，教学目标引领着学习策略、活动与资源的设计（奚定华，2001；阳利平，2014）。目标不明晰或有偏差会导致教师的教学行为与学生的学习行为出现盲目性与随意性，从而导致教学（学习）效果低下。而核心目标是在教学目标基础之上的凝练，是指凌驾在教学三维目标之上的核心目标，是一门课、一个单元、一节课的灵魂。核心目标能够较为明确地指导教师开展混合式教学，而为混合式学习设计核心目标是摆在教师们面前的一个重要任务。下面让我们来一起认识一下混合式学习的核心目标。

一、混合式教学目标

（一）目标的概念与内涵

梅尔（Meier）于1975年提出了教学目标的概念，他认为教学目标是指与具体的学习过程相联系的奋斗方向。现在研究者多从教师、学生视角出发，界定教学目标：第一，从教师视角出发，教学目标是教师对教学活动结果的一种主观愿望，具体描述教学活动完成后学生应该达到的行为状态，表达了学生通过学习达到的一种结果（赵学昌，2008）。具体而言，作为一种行为目标，教学目标体现了教师对学生掌握的知识与技能、形成的能力、养成的态度、形成的情感与价值观等各方面的要求（徐继存，2010）。第二，从学生视角出发，教学目标是经过一定的教学程序后学生所获得的素养或能力，是课堂教学活动实施的方向和预期达成的结果（曹宝龙，2018）。顾明远教授（1980）认为，教学目标是教学后师生预期达到的学习结果和标准，是对"学生的变化，即学生能做什么，会什么"的预期。

同时，也有研究者对教学目标提出了不同的看法：武法提等人（2013）提出"差异化教学目标"概念，认为差异化教学目标是指在接受同样的教学活动的情况下，教师对不同特征的学生设定不同的结果预期。教学目标的差异化包括目标起点、目标终点、目标容量、目标程度。陈春磊等人（2007）认为，教学目标是对教学活动所要促成的身心变化要达到怎样的标准、要求所做的规定或设想，即教学目标是通过教学活动所欲促成的预期的身心变化。

综上来看，对教学目标内涵的解读，国内外学术界有三类观点。第一，教学目标是对学生学习的标准要求。教学目标是指教学活动的主体在具体教学活动中所要达到的预期结果、标准（顾明远，1980；吴也显，1991；陈春磊等，2007）。第二，教学目标是教师的教学结果。教学目标是教学活动主体预先确定的、在具体教学活动中所要达到的、利用现有技术手段可以测度的教学结果（田慧生 & 李如密，1996），也是教与学双方共同实现的目标，既涉及教师的教学目标，也包括学生的学习目标（陈旭远，2002；赵学昌，2008）。第三，教学目标是学生学习结果。教学目标反映的是教学活动结束后学生内部心理结构变化的不同水平的学习结果（盛群力等，2008）。

（二）教学目标分类体系

1956 年，美国学者布鲁姆出版了《教育目标分类学》，首次把分类理论运用于教学领域，使目标分类学成为教育理论研究的一个专门领域。他认为教育目标应分为三大领域：认知领域、情感领域和动作技能领域。其中认知领域分为知识、理解、应用、分析、综合、评价。这六个项目中的第一个项目主要要求学生用记忆的方法记住所学的事实和现象，后五个项目则为不同层次的能力目标。1964 年，克拉斯沃和布鲁姆共同提出了情感领域的目标分类，包括接受、反映、价值的评价、组织、有价值或价值组合体形成的性格化五个方面，每方面又包括相对比较具体的分类。1972 年，哈罗（Harlow）和辛普森（Simpson）提出动作技能领域的教学目标分类，包括反射动作、基本－基础动作、知觉能力、体能、技巧动作和有意沟通六个方面。20 世纪 70 年代，美国心理学家加涅（Gagné）从信息加工理论的角度研究人类学习，认为教学活动设计的最佳途径是根据预期结果来安排。这样有利于明确达到目标所需要的学习条件，确定教学事件，提示教师教学需要注意的事项等。加涅从学习结果的角度把教学目标分为言语信息、智慧技能、认知策略、动作技能和态度五类，并根据不同的目标性质匹配了适宜的教学条件，即教学策略，使教学目标的实现一定程度上具有了有效教学的思想意识。20 世纪末，针对布鲁姆的"二维"教育目标分类理论，安德森（Anderson）等人经过 40 年的研究提出了基于教学目标有效实现的目标分类理论，将教学目标从知识、认知过程两个维度分类，强调通过围绕如何表征和解决问题的办法来提高教学目标的实现效果。20 世纪末 21 世纪初，美国教学设计领域的乔纳森（Jonathan）在对当前心理学进展研究的基础上，提出了学习结果与策略适配的分类框架，并在结构化知识、心理模式、情境化问题解决、拓展技能、自我知识、执行和情意品质等方面都有自己独到的见解，强调复杂的、非良性的结构问题的解决，比较符合复杂的、综合性的学习与实践实际情况。同时，他把学习类型、评价标准和教学策略三个要素从整体上统一考虑，为学习者在具体的情境中获得知识、培养能力、促进认知、发展自我创造了条件。2001 年，美国课程与教学设计的马扎诺（Marzano）总结了布鲁姆教育目标分类学在过去 40 年的教育应用中所获得的成绩和存在的不足，提出了基于人的学习行为模式和思维模式的教学目标分类理论，还提出了一个基于知识与过程二维度的教学目标评价体系（黎加厚，2010；盛群力等，2008；宋伏秋，1992；刘义民，2013）。

对已有的教学目标分类框架进行整理可以发现，其主要有两个侧重点：第一，侧重认知水平维度（如布鲁姆认知领域目标分类、霍恩斯坦认知领域目标分类等）；第二，侧重内容类型维度（如加涅学习结果分类、乔纳森学习结果分类等）（黎加厚，2010）。具体情况如表 6-1 和表 6-2 所示。

表 6-1　教学目标分类框架整理（侧重认知水平维度）

学者	类别
布鲁姆认知领域目标分类	知识、领会、运用、分析、综合、评价
修订过的布鲁姆认知领域目标分类	记忆、理解、应用、分析、评价、创造
梅瑞尔目标分类（二维矩阵：绩效水平）	记忆例子、记忆一般原则、运用和发现
安德森 01 版目标分类（认知过程）	记忆、理解、应用、分析、评价、创造
霍恩斯坦认知领域目标分类（认知领域）	概念化、领会、应用、评价、综合
杨开城知识技能领域目标分类（操作类型）	意义建构：记忆、理解；能力生成：运用

表 6-2　教学目标分类框架整理（侧重内容维度）

学者	类别
加涅学习结果分类	认知领域：言语信息、智力技能、认知策略 动作技能领域：动作技能 情感态度领域：态度
梅瑞尔目标分类（二维矩阵）（知识类型维度）	事实性知识、概念性知识、程序性知识、元认知知识
安德森 01 版目标分类（知识类型维度）	事实性知识、概念性知识、程序性知识、元认知知识
杨开城目标分类（知识类型）	符号名称、事实、概念、过程步骤、原理格式、认知策略
乔纳森学习结果分类	陈述性知识、结构性知识、认知成分、情境问题解决、知识综合、扩展技能、自我认知、质性监控、动机、态度

二、混合式学习核心目标

混合式学习的核心目标是指凌驾于三维目标之上的核心目标，是一门课、一个单元、一节课的灵魂（冯晓英 & 王瑞雪，2019）。它是三维目标的升华与总结，以三个具体的问题为引领进行混合式学习核心目标的设计。（1）这节课/单元最重要的是什么？（2）学生的特点？最希望获得什么？（3）学生学习中的关键难点在哪儿？下面是一些混合式学习核心目标的示例。

1. 通过破冰活动及小组建设激发学生的学习动机，通过感兴趣的话题讨论引起学生的学习兴趣。

2. 让学生用"循证医学"的方法指导诊断与治疗决策，完成一场精彩的公众演讲。

3. 完成段落写作。

4. 完成文献综述的写作。

三、小结

教学目标是教学后师生预期达到的学习结果和标准，是课堂教学活动实施的方向和预期达成的结果。核心目标能够较为明确地指导教师开展混合式教学。实现有效、高效的混合式教学，首先要强化目标设计，或者说找到教学的"魂"，并由其引领混合式学习策略、学习活动、学习资源等的设计。

名家语录或其他提示

你不能教导人们他们需要知道的一切。你能做得最好的事情就是找到他们需要知道什么的时候，他们需要知道什么。

——西蒙·派珀将

第二节
核心目标设计

🎯 **本节学习目标**

1. 能够认识课堂教学目标设计存在的一些问题。

2. 能够设计混合式教学核心目标。

"互联网＋"时代的混合式学习设计的根本目的是促进学生的学，那么首先就要厘清学生到底需要学什么。所以，成功的混合式学习设计首要的一步就是核心目标设计。核心目标设计贯穿于教学全过程，是整个学习设计的灵魂所在，它设计得科学与否将直接影响整体学习设计的质量，并关系课程目标的最终达成。

在上一节了解了核心目标的概念之后，下面我们将对已有的课堂教学目标设计中所存在的问题进行总结，并介绍在混合式学习中该如何进行核心目标设计，再进一步通过一些实际的混合式教学案例来阐述核心目标设计的方法。

一、课堂教学目标设计存在的问题

混合式教学中最让教师困扰的问题是：当教师把部分学习内容转变成在线学习的内容和任务后，学生的学习投入增多了，但学习效果可能并没有得到改善。教学目标设计不清晰，才是最大的症结。教学目标引领着教学策略、活动与资源的设计（奚定华，2001；阳利平，2014）。然而实践中，目标设计一直都是薄弱点，也存在一些典型的问题。下面将对这些问题进行总结与分析，为核心目标设计提供借鉴。

（一）目标设计形式化，缺乏导向作用

对教学目标的设计不重视，教学目标设计形式化、模式化，照搬参考书、现成教案上的教学目标，使得不同地区、不同学校的教师，设计的教学目标千篇一律。在编写目标的过程中盲目套用教学目标设计的一些已有模式，其中最为典型的是套用新课程三维目标的编写模式，形式化地将教学目标分为知识与技能、过程与方法、情感态度与价值观三段论，教学目标设计缺乏对实际教学的导向作用（黄梅 & 宋乃庆，2009；郭子超，2019；刘海生 & 李清臣，2016）。

（二）目标本质把握不清

在长期占主导地位的"学科知识为本"设计理念的指导下，学科知识为本的教学设计以知识习得为教学目标，使得教学关注的是低层次目标（知识习得），而非高层次目标（能力培养），教师由此难以定位教学目标，容易将其与教学内容相混淆。归根结底，这是因为教师对教学目标的本质把握不清，将过程与方法认为是教学方法手段，将教学目标设计认为是学生的活动过程或活动内容，而不是活动结果（冯晓英 & 王瑞雪，2019；黄梅 & 宋乃庆，2009；卜玉华，2011）。

（三）目标设计泛化，针对性不强

就学科目标本身而言，为了实现宏观性的学科核心素养所必需的基础性、初始性目标，相应地，在一个学科内部，学科核心素养是以最终结果展现的，其作为顶层设计，表述相对笼统抽象。一方面，重视表现型、探究型与能力型目标的设计，轻视知识型目标的设计，会导致实现高阶素养的根基不牢；另一方面，知识型目标的外延设定过窄，不能深入挖掘学科知识的教育价值来扩大学科知识的外延，导致学科教学目

标设计大而无当。每一个学科的教学目标设计应充分反映学科的性质和特点，都应体现其学科教育价值。比如，语文教学目标设计就是应该以获得语文素养为最终目的，这个过程需要教师将极富有语文性的内容呈现给学生，让他们在达成每堂课教学目标的同时，受到语文的熏陶感染（常学勤，2015；赵蒙成 & 汪澄，2016；金东升 & 王英，2014）。

（四）目标设计层次不清

教学目标设计层次不清，过高定位低学段的教学目标，使低段教学目标得不到落实，也因跳跃式地提高教学目标的难度要求，增加学生学习的负荷和畏难心理，使教学目标难以落实。与此相反，教师在学生进入中高学段之后，如果仍然以低学段的教学目标对待高学段的教学，就会导致学生无法提升自身能力水平。另外，教学目标设计层次不清也体现在将结果性目标当作过程性目标，目标设计过多，缺乏层层递进、逐步落实的意识。把新授课、复习课与练习课的目标相混淆也是教学目标设计层次不清的体现（卜玉华，2011；金东升 & 王英，2014）。

在课堂教学领域往往以设计教学目标为导向，但是这种方式在混合式学习实践中往往过于宽泛，导致教师在把握学习活动的设计中产生偏差，因此要以混合式学习的核心目标为主线开展设计。

> **Tips**
>
> 　　教学目标的内涵应包括三个子项：学生的学习起点、预期结果以及如何最好地达成预期成果。教师除了要考虑学生之外，在设计教学目标时也应该考虑教育目标与课程目标，综合考虑之后再设计教学目标。

二、设计混合式学习核心目标

（一）核心目标设计

随着越来越多的教学实践者运用混合式学习的方法设计核心目标，大家都普遍意识到：要实现有效、高效的混合式学习，首先要强化核心目标设计，或者说找到教学的"魂"，并由其引领混合式学习策略、学习活动、学习资源等的设计。那么如何设计混合式学习核心目标呢？与传统的教学目标设计有什么区别呢？

与以往运用三维教学目标设计体系来进行传统教学的教学目标设计不同的是，确定核心目标要求教师依据但不限于学科知识点，预设学生参与课程学习能够获得的关键性学习成果和产出，找出知识点、学科内容背后支撑性的方法、思维、能力等，并抽取出最关键性的能力或方法，作为教学的核心目标。设计核心目标的关键就在于回答一个问题，即学生通过课程学习需要掌握什么知识、能力或方法。基于此，我们可以通过三个问题来引导核心目标的设计：①这门/节课最核心/关键性的内容是什么？②学生最希望获得什么？③学生学习中的关键难点在哪儿？三个问题分别指向学习内容分析、学习结果分析与学习需求分析（冯晓英 & 王瑞雪，2019）。

> **Tips**
>
> 规范教学目标一般包含四个要素：第一，教学目标的行为主体必须是学生而不是教师；第二，教学目标设计要用可测量、可观察的外显行为来界定；第三，教学目标的陈述要反映学习类型；第四，教学目标的编写要全面考虑教学结果（陈晓慧，2009）。

（二）核心目标设计的案例参考

下面我们将对几个核心目标设计的案例进行详细介绍，为大家开展混合式学习设计的核心目标设计提供参考。

1．"循证医学"课程

以澳大利亚莫纳什大学（The University of Monash）为医学院大三学生开设的"循证医学"课程为例（Ilic et al.，2015），按照冯晓英等人（2018）对混合式学习模式的分类，该课程采取了线下主导＋自主式的混合式学习模式。

案例 6.1

"循证医学"课程的核心目标设计

循证医学是结合医生的个人专业技能和临床经验，考虑患者的愿望，进而对患者做出医疗决策的新兴临床学科。在进行该课程的核心目标设计时，第一步分析学习内容：该课程最核心的关键性内容是"循证医学的概念、知识与思想"；第二步分析学习结果：学生最希望获得的是"掌握循证医学的实践步骤与方法"；第三步分析学习需求：学生在学习中的关键难点在于"如何运用循证医学的知识进行诊断与治疗决策"。最终，该课程的核心目标设定为"如何让学生用循证医学的方法指导诊断与治疗决策"，如表6-3所示。

表6-3 "循证医学"课程的核心目标设计

问题	案例的对应点	核心目标

①这门/节课最核心/关键性的内容是什么？	循证医学的概念、知识与思想	如何让学生用循证医学的方法指导诊断与治疗决策
②学生最希望获得什么？	掌握循证医学的实践步骤与方法	
③学生学习中的关键难点在哪儿？	如何运用循证医学的知识进行诊断与治疗决策	

【问题思考】

(1)你认为该案例所确定的核心目标是否能够对"循证医学"课程的教学起到引领作用呢？

(2)如果你要完成本节课的核心目标设计，你设计的内容是什么呢？为什么？

2."段落写作"课程

以印度尼西亚一所大学英语教育系的"段落写作"课程为例(Muhtia et al.，2018)，按照冯晓英对混合式学习模式的分类，该课程采取了完全融合＋交互协作式的混合式学习模式。

案例 6. 2

"段落写作"课程的核心目标设计

本案例在进行核心目标设计时，第一步对学习内容进行分析，本课程的学习内容包括段落写作要素、段落写作支持句以及描述性段落、过程性段落等不同段落的写作学习。由此确定本课程最核心的关键性内容是"明确段落写作的要素与不同段落的写作方法"。第二步对学习结果进行分析，课程结束后学生所能达到的学习结果是学会段落写作，因此，对应于问题2学生最希望获得的是"掌握段落写作的技能"。第三步对学习需求进行分析，学习者的学习需求是学习不同段落的写作技巧以及如何使段落达到统一与连贯，因此，对应于问题3"学生学习中的关键难点"就在于"学会完成不同段落的写作"。基于以上对三个问题的分析，本课程将其核心目标定为"如何完成段落写作？"，如表6-4所示。该目标为有效、高效的教学提供了保障。

表6-4　"段落写作"课程的核心目标设计

问题	案例的对应点	核心目标
①这门/节课最核心/关键性的内容是什么？	明确段落写作的要素与不同段落的写作方法	
②学生最希望获得什么？	掌握段落写作的技能	如何完成段落写作？
③学生学习中的关键难点在哪儿？	学会完成不同段落的写作	

【问题思考】

(1)该案例所确定的核心目标是否能够对"段落写作"课程的教学起到引领作用呢？

(2)如果你要完成本节课的核心目标设计，你设计的内容是什么呢？为什么？

3."公众演讲要点"课程

以约旦大学(The University of Jordan)面向外语学院大二学生开设的一门"公众演讲要点"(Essentials of Public Speaking)课程为例，按照冯晓英(2018)对混合式学习模式的分类，该课程采取了线下主导＋自主式的混合式学习模式。

案例 6.3

"公众演讲要点"课程的核心目标设计

在进行该教学的核心目标设计时，第一步先分析学习内容，该课程最核心的关键性内容是"公众演讲中需要注意的各类要点"；第二步分析学习结果，学生最希望获得的是"公众演讲中的各类演讲技巧"；第三步分析学习需求，学生学习中的关键难点在于"在公众演讲中灵活应用各类演讲技巧"。最终，将该课程的核心目标设定为"学生完成一场精彩的公众演讲"，如表6-5所示。

表 6-5 "公众演讲要点"课程的核心目标设计

问题	案例的对应点	核心目标
①这门/节课最核心/关键性的内容是什么？	公众演讲中需要注意的各类要点	学生完成一场精彩的公众演讲
②学生最希望获得什么？	公众演讲中的各类演讲技巧	
③学生学习中的关键难点在哪儿？	在公众演讲中灵活应用各类演讲技巧	

【问题思考】

(1)该案例所确定的核心目标是否能够对"公众演讲要点"课程的教学起到引领作用呢？

(2)如果你要完成本节课的核心目标设计，你设计的内容是什么呢？为什么？

三、小结

混合式核心目标的设计贯穿混合式教学的全过程，是混合式学习设计的灵魂。课堂学习目标设计中经常存在以下四个典型问题：第一，目标设计形式化，缺乏导向作用；第二，目标本质把握不清；第三，目标设计泛化，针对性不强；第四，目标设计层次不清。我们在设计核心目标的过程中要尽量避免以上问题的出现，根据教学内容设计合适的核心目标。

项目式学习活动 2：核心目标设计

请你与同学组成学习小组，建议 3～5 人一组。请你根据上节的项目式学习活动中与小组成员所确定的混合式学习主题，结合本节所学知识，与你的小组成员一起协作、讨论，共同完成混合式学习的核心目标设计。

名家语录

失败的教育往往来自一个巨大的错误：把经过精加工之后的、知识探究的结果与原始的、天然的探究客体二者混淆，从而试图教授学生精加工之后的解决方案，而不是教授学生自己去探索问题、参与探究过程、寻求解决方案。

——李普曼

第三节
细化目标设计

本节学习目标

1. 认识混合式学习细化目标。
2. 能够设计混合式学习细化目标。

教学目标具有导向、指导教学结果的测量与评价、指导教学策略的选择与运用、指引并激励学生的学习等多种功能（奚定华，2001）。具体而言，它不仅制约着教学内容的选择和课堂组织与学习活动的方式，而且是教育目标和课程实施的具体体现（阳利平，2014）。

通过上一节的学习，我们了解了如何设计混合式学习的核心目标。那么在完成混合式学习的核心目标设计后，如何才能进一步细化核心目标呢？下面，我们将给大家总结一些已有教学细化目标的编写模式，并在此基础上介绍如何进行混合式学习核心目标的细化目标设计。

一、教学细化目标

在教学目标设计的基础上，教学细化目标是将教学目标分析到操作化的程度，描述具体的行为结果，引导教学的开展，是教师在课堂教学中需要确定将要完成的具体目标，是目标系统中最具体且可操作性的单位。教学细化目标具有下述几方面的功能（奚定华，2001）。

第一，导向功能。教学细化目标是教学活动的预期结果，是教学活动的出发点和归宿。它在一定意义上制约着学习设计的方向，对教学过程起着指引作用，使教学中的师生活动有明确的共同指向，避免教学的盲目性。

第二，指导教学结果的测量与评价。由于细化目标是对实际教学结果的预期，因而为教学过程中和教学结束时对教学结果进行的测量与评价提供了科学依据。

第三，指导教学策略的选择与运用。教学策略是在特定的教学情境中为完成教学目标和适应学生认知需要而制订的教学程序计划和采取的教学实施措施（闫承利，2001），是为完成教学细化目标而制定的，因此，教学细化目标制约并指导教学策略的选择和运用。

第四，指引并激励学生的学习。在教学过程开始时，教师明确告诉学生教学细化目标，能引起学生的注意，激发学生对学习新内容的期待和达到教学目标的欲望，调动学生的积极性和主动性，激励学生努力学习。

从细化目标的功能来看，它能够对整个教学过程起到导向的作用。在学习设计方面，细化目标也指导着教学策略、活动设计以及工具与资源的选择。总的来看，细化目标设计是混合式教学设计中较为关键的一环，它设计得科学与否将直接影响教学整体设计的质量，并关系核心目标的最终达成。

二、设计混合式学习细化目标

（一）细化目标设计

细化目标设计是课程目标设计的第二步，是将所确定的核心目标进一步转化、分解为具体的教学目标和学习目标。在这个环节中，教师需要思考的是：为了达成此核心目标，学生需要有哪些关键性产出？

在以学生为中心的理念指导下，混合式学习设计需要克服仅从教师或知识内容的角度设计教学目标，要重点从学生的角度设计学习目标，学习目标将用形象的语言告知学习者：通过学习，学生将有哪些主要收获，将能够解决什么问题。

Tips

学习目标(学习成果)最终体现为学生的变化。因此,在学习目标的撰写中,不应该再以过去许多教师习惯采用的"使学生……""提高学生……""培养学生……"等方式叙写目标。第一主语应该是学生,例如,"能够分析……",当然主语可以省略。

（二）细化目标设计的案例参考

1.“赤壁赋”的细化目标设计

以语文阅读教学课程“赤壁赋”为例，授课教师按照混合式学习核心目标的设计方法，确定了本门课程的核心目标——“感悟《赤壁赋》表达了怎样的情感”。

案例 6.4

“赤壁赋”的细化目标设计

从本课程的核心目标出发，运用新课程的三维目标设计体系完成了本门课程的细化目标设计，共有三个细化目标，如表 6-6 所示。

表 6-6 “赤壁赋”的细化目标设计

核心目标	细化目标
感悟《赤壁赋》表达了怎样的情感	目标 1：知识与技能：了解作品“以文为赋”、骈散结合的形式特点和主客问答的传统手法；积累词类活用等有关文言知识，熟读并背诵全文；体会作者在文章中表现出来的旷达胸怀和积极进取的精神
	目标 2：过程与方法：依据文本进行阅读，形成独特的阅读感受并交流；通过诵读，体悟本文优美的意境和复杂的感情
	目标 3：情感态度与价值观：结合历史背景和作者生活经历，理解作品中包含的复杂情感和深刻内涵，丰富自己的情感体验，提高人生境界

【问题思考】

（1）“赤壁赋”案例所确定的细化目标与上一节中所提及的核心目标之间有哪些联系呢？

（2）“赤壁赋”案例中的细化目标对该案例的教学能起到哪些指导作用呢？

2.“Culture Shock-Living Abroad”细化目标设计

以中学英语教学课程“Culture Shock-Living Abroad”为例，授课教师按照混合式教学核心目标的设计方法确定了本门课程的核心目标——“如何看待西方文化对中国文化的影响”。

案例 6.5

“Culture Shock-Living Abroad”的细化目标设计

教师从本课程的核心目标出发，运用新课程的三维目标设计体系完成了本门课程的细化目标设计，共有三个细化目标，如表 6-7 所示。

表 6-7　**Culture Shock-Living Abroad** 的细化目标设计

核心目标	细化目标
如何看待西方文化对中国文化的影响	目标1：学习理解目标：提取课文中有关文化冲击的基本信息
	目标2：应用实践目标：通过辩论活动，分析、阐释，批判性地看待西方文化对中国文化的影响
	目标3：创新迁移目标：通过真实案例创设情境，发现问题、分析成因、解决问题，并在此过程中形成理解尊重外国文化、坚定民族文化自信的文化意识

【问题思考】

（1）"Culture Shock-Living Abroad"案例所确定的细化目标与上一节中所提及的核心目标之间有哪些联系呢？

（2）"Culture Shock-Living Abroad"案例中的细化目标对该案例的教学能起到哪些指导作用呢？

3. 语文项目式学习课程"成长的故事"细化目标

以语文项目式学习课程"成长的故事"为例，授课教师按照混合式学习核心目标的设计方法确定了本门课程的核心目标——"如何解决成长过程中的困难"。

案例 6.6

"成长的故事"的细化目标设计

教师从本课程的核心目标出发，运用新课程的三维目标设计体系完成了本门课程的细化目标设计，共有三个细化目标，如表 6-8 所示。

表 6-8　语文项目式学习课程"成长的故事"的细化目标设计

核心目标	细化目标
如何解决成长过程中的困难	目标1：了解成长过程中的烦恼并找到其解决方法
	目标2：能够记录并分享自己的成长经历过程与启示
	目标3：能够获得解决自己成长烦恼、问题的方法和能力

【问题思考】

（1）"成长的故事"案例所确定的细化目标与上一节中所提及的核心目标之间有哪些联系呢？

（2）"成长的故事"案例中的细化目标对该案例的学习能起到哪些指导作用呢？

三、小结

教学细化目标是将教学目标分析到操作化的程度，描述具体的行为结果，引导教学的开展，是教师在课堂教学中需要确定将要完成的具体目标。混合式学习的细化目标设计应该在以学生为中心的理念指导下，重点从学生的角度设计学习目标，用形象的语言告知学生：通过学习学生将有哪些主要收获，将能够解决什么问题。

项目式学习活动 3：细化目标设计

请你与同学组成学习小组，建议 3~5 人一组。请你在上一个项目式学习活动中的核心目标设计基础上，结合本节所学知识，与你的小组成员一起协作、讨论，共同完成混合式教学的细化目标设计。

名家语录或其他提示

我尊敬那些清楚地知道他们目的的人。世上所有的不幸，大部分是由于这样的原因发生的，人们并不知道他们的目标。他们肩负建设一座塔的使命，但在打基础时并不比搭一个窝棚花更多的力气。

—— 歌德

学习活动建议

本章的学习重点有两个方面：第一，学会设计混合式学习的核心目标；第二，学会设计混合式学习的细化目标。建议学生组建小组，开展合作学习，亲身体验设计混合式教学目标。

本章小结

教学目标是混合式学习设计的第一步，也是最关键的一步。教学目标是教学活动主体在教学活动中所要达到的预期结果，它是教学的灵魂，贯穿于教学全过程。教学目标具有导向、指导教学结果的测量与评价、指导教学策略的选择与应用、指引并激励学生的学习等多种功能。混合式学习的核心目标是指凌驾于知识、技能、情感态度这些具体的三维目标之上的核心目标，是一门课、一个单元、一节课的灵魂。混合式学习的细化目标则是指将课程的核心目标进一步转化、分解为具体的教学目标和学习目标。它们不仅制约着教学内容的选择和课堂组织与学习活动的方式，而且是教育目标和课程实施的具体体现。

总结＞

关键术语

教学目标　Teaching Objectives

核心目标　Core Objective

教学设计　Instructional Design

应用＞

批判性思考

本章我们认识了与混合式教学目标相关的知识，也学习了如何进行核心目标的设计。那么请大家思考一下，与传统教学相比，在当下以核心素养为导向的教学中，混合式教学核心目标的设计在教学中起到了哪些方面的作用呢？

体验练习

请同学们在本章学习的基础上，完成以下练习。

一、判断题

1. 教学目标的概念由梅尔于 1973 年首次提出。

2. 核心目标是一门课、一个单元、一节课的灵魂。

3. 1956 年，美国学者布鲁姆出版了《教育目标分类学》，首次把分类理论运用于教学领域。

4. 混合式教学效果没有得到改善的原因极大部分都归结于资源的设计。

二、简答题

1. 请简述马扎诺教学目标分类体系。

2. 请简述课堂教学目标设计存在的问题。

3. 请简述细化目标在教学中的地位及作用。

三、论述题

请自选一门课程进行混合式教学，并运用本章知识对该课程的核心目标与细化目标进行设计。

案例研究

以人教版小学三年级下学期数学课程的教学"学生会所的设计"为案例

进行研究，该案例出自张文兰等人于 2016 年在《电化教育研究》所发表的论文《网络环境下基于课程重构理念的项目式学习设计与实践研究》。

1. 案例介绍

该案例课程包括"数与计算""量与计算""位置与方向""面积计算""统计与概率"等内容，统合了三年级《数学》下册所有知识点，是典型的小学数学项目式学习的应用实践案例。学生从 3 月开始参与项目，在 6 月完成，"学生会所"设计方案进行展示，历时一个学期，具体的项目实践流程如表 6-10 所示。

表 6-10 "学生会所"项目设计

项目任务		为了增加学生的活动空间，学校准备把食堂的天台改建成"学生会所"。现在对"会所"的功能征集设计方案，希望各位同学能组建优秀的设计团队，带着"我的地盘我做主"的想法，设计出合理又受欢迎的设计方案
驱动性问题		如何设计既科学又受欢迎的学生会所
学习目标	知识技能	熟练掌握位置与方向、常见平面图形的面积公式、统计与概率的基本知识，探索其他平面图形面积计算公式
	过程方法	能够在实际生活中应用位置、方向、面积公式及概率统计知识；能够从数学的角度发现问题、分析和解决问题；能合乎逻辑、准确地阐述自己的思想和观点；会运用数学的概念、思想、方法，初步形成良好的思维品质
	情感态度	感受数学知识与实际生活的紧密联系，明确数学知识的价值与意义，能够在生活中合理运用数学知识解决问题
	综合能力	信息素养：运用信息技术工具绘图、统计，检索与甄别资料；问题解决：从实际生活中发现问题并合作探索解决问题的方法；批判性思维：能够回顾反思解决问题的过程，点评并判断他人问题解决的合理性，提出疑问与分析；沟通协作能力：能够学会与他人交流和合作，创新设计方案
学习环境	学习平台	本项目以 Idea Tree 网络学习平台作为师生项目式学习活动探究、项目实施与管理的主要载体
	学习资源	微课资源内容包括：长方形、正方形，其他平面图形，不规则图形的面积计算方法；网站资源：中国建材价格网等；参考资料："学生会所"设计方案模板
	学习工具	Office 工具（Word、Excel、PPT），思维导图工具（MindManager），绘图工具（Windows 画图），协作交流工具（WIKI、QQ），搜索引擎

2. 核心目标与细化目标设计

"学生会所的设计"中最重要的是让学生利用所学的数学知识，将其用于实践完成学生会所的设计。尽管学生在课堂学习过程中对其中所涉及的数学知识点有过了解，但是并没有在实际的生活中应用这些数学知识的经验，"应用相关的数学知识"是教学的重点也是难点。因此，本门课程的教学核心目标确定为"如何设计既科学又受欢迎的学生会所"，围绕该核心目标，进一步将该课程的细化目标设计为：

(1)掌握位置与方向、常见平面图形的面积公式、统计与概率的基本知识并能够在生活中加以运用。

(2)能够运用信息技术进行工具绘图、统计等，学会检索与甄别信息。

(3)能够从数学的角度发现问题、分析和解决问题，形成良好的思维品质。

第七章

混合式学习的学习体验设计

本章概述

　　本章的学习目的在于帮助同学们了解并掌握混合式学习的学习体验设计的过程与方法，并能够运用这些方法开展混合式学习学习体验设计，包括混合式学习的模式与策略设计、启发性话题与情境设计、学习活动与路径设计。本章共包括 5 节内容。第一节介绍学习体验的概念、意义及其内涵。第二节介绍混合式学习模式以及混合式学习策略。第三节介绍如何在混合式教学设计中创设启发性话题与情境。第四节介绍如何开展混合式学习活动整体设计。第五节介绍如何开展混合式学习路径设计。

内容导图

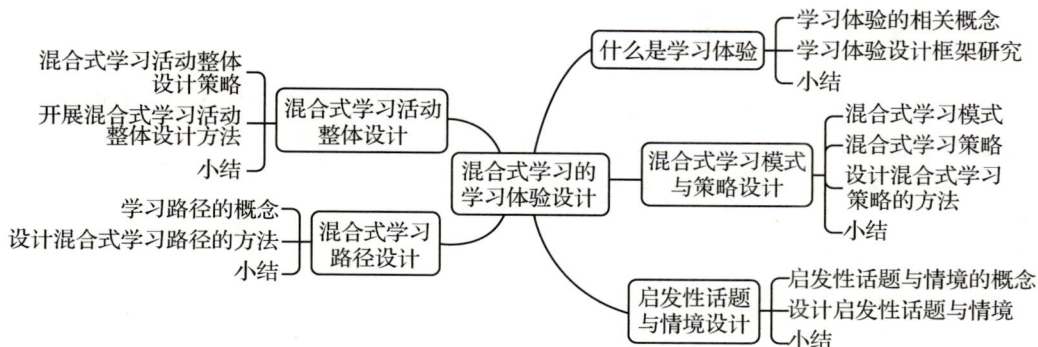

学习目标

1. 能够概述混合式学习体验。
2. 能够运用混合式学习模式与策略。
3. 能够设计启发性话题与情境。
4. 能够设计混合式整体学习活动。
5. 能够设计混合式学习路径。

读前反思

　　本章介绍了混合式学习体验、混合式学习模式与策略设计、启发性话题与情境设计、混合式学习活动整体设计、混合式学习路径设计。在学习本章之前，请你先想一想：

1. 你如何理解学习体验呢？学习体验在学习设计中有什么样的作用呢？
2. 你是否在混合式学习中运用过一些学习策略呢？它们都起到了什么作用？
3. 请你回想一下在混合式教学过程中你是如何创设情境的呢？
4. 你是否了解学习路径呢？你认为学习路径在学习设计中能起到什么作用？

章内栏目

　　在了解了如何设计混合式学习的目标之后，教师们对于混合式学习设计有了新的感受。另外，教师们还听说了一个在传统教学设计中不曾出现的新名词——"学习体验"。于是教师们开始思考：混合式学习设计中学习体验设计究竟是什么呢？包括哪些部分呢？在混合式学习设计中又该如何进行学习体验设计呢？另外，教师们在确定了混合式学习的核心目标之后，又该如何开展混合式学习模式与策略设计、启发性话题与情境设计、混合式学习活动整体设计以及混合式学习路径设计呢？

带着这些问题，我们有必要系统了解一下混合式学习的学习体验设计中的各个环节，以及如何对混合式学习学习体验的各环节进行设计。希望本章结束后，同学们能对混合式学习的学习体验设计有更为清晰的认识，同时能够独立完成混合式学习的学习体验设计。

第一节
什么是学习体验

本节学习目标

1. 能够概述学习体验的概念。

2. 能够了解混合式学习体验设计并认识学习体验设计的相关框架。

近年来，随着以 VR（Virtual Reality）、AR（Augmented Reality）为代表的新兴前沿技术应用于教学，以及 MOOC、SPOC 等社会化教学的应用推广，教学设计如何适应信息技术的飞速发展成为广大研究者和教学实践者广泛关注的问题。学习体验是学习者在学习过程中产生的主观感受。21 世纪以来，网络教学应用的日益普及使得学习者进行个性化学习时对于体验的要求越来越高，因此学习体验设计的研究逐渐成为一种趋势。本节让我们一起认识一下学习体验与学习体验设计。

一、学习体验的相关概念

（一）学习体验

学习体验的探索最早起源于对"体验"的认识，是体验的具体化。从体验发生的角度来看，我们可以将其视为学习活动过程与结果的结合体，如朱琳（2008）认为学习体验是指学习者通过学习获得认识和情感的经历以及最终获得的认识和情感。从体验的内容来看，可以将其看作学习者对学习环境、学习活动和学习支持服务等学习过程中涉及的诸多要素的感知、反应和行为表现（胡永斌，2015）。由此可知，学习体验重在强调学习者在学习过程中的经历以及从中所获得的诸多的情感与反应。

不同领域对体验的认识有着各自的视角。从哲学意义上来看，学习体验是学习者与使他起反应的环境中的外部条件之间的相互作用，是一种感觉记忆。这就意味着，学生是一个积极的参与者，而且其环境中的某些特征吸引着他的注意力，他正是对这些特征产生了反应(拉尔夫·泰勒，1994)。在人机交互领域，强调用户体验的概念，这种体验由感官体验、情感体验和实践体验三部分组成。另外，在学习设计领域，学习体验是"学生在学习过程中对课程、教学活动、教学交互、学习环境等所产生的体验"。如果说学科知识习得是现象，能力发展是本质，那么创设学习体验就是解决方案或手段(冯晓英 & 王瑞雪，2019)。不同领域对体验的认识虽然各不相同，但是都有着几点共性：①强调感觉记忆；②强调情感体验；③强调经历与过程。

> **Tips** 👉
>
> 学习体验具有生命体验的属性，是学习者作为主动参与者，对外部学习环境中某些特征的主观感知与反应。在学习体验的过程中，学习者建构知识意义、焕发生命活力、提升生命价值(米高磊 & 吴金旺，2017)。

(二)学习体验设计

学习体验设计源于数字时代教学设计的实践诉求，正在受到越来越多的关注。无论"互联网＋"时代混合式学习的价值定位，还是学习设计的定义，都强调其设计的主体是学习体验(冯晓英 & 王瑞雪，2019)。

通过检索现有文献发现，早在 2003 年起，九三子(Kumiyo)、弗洛尔(Floor)和帕里什(Parrish)等一批来自日本、荷兰等国的教学设计从业人员就开始关注学习体验设计这一概念。学习体验设计一词最早在 2007 年由荷兰埃文斯大学研究人员弗洛尔在其创建的学习资源网站中提出。2016 年，美国某教学设计专业网站刊登了卡罗琳(Caroline)的文章《从教学设计到学习体验设计的转变》(*Transforming From Instructional Design to Learning Experience Design*)，同年，阿努拉格(Anurag)发表了《从教学设计到学习体验之我的历程》(*My Journey from Instructional Design to Learning Experience Design*)，推动了教学设计实践领域对于学习体验设计这一领域的认识。2017年，实践领域对学习体验设计的关注程度日益提升，凯宾斯基(Kempski)、钱布利斯(Chambliss)也纷纷发表文章，阐述从教学设计到学习体验设计的观点(王楠，2018)。

学习科学

学习科学是一个研究教和学的跨学科领域。它研究各种情境下的学习——不仅包括学校课堂里的正式学习，也包括发生在家里、工作期间以及同伴之间的非正式学习。

美国学者将学习体验设计看作是学习时代、用户时代、学习科学时代的综合作用结果。① 学习体验设计的蓬勃发展归结于如下三个因素：首先，学习体验设计更加聚焦于学习者，采用以学习者为中心的设计理念；其次，学习科学的发展促进了学习体验设计的产生，其更关注如何获取实践知识技能；最后，学习体验设计的核心是设计体验（Connie，2015）。学习体验设计的目标是提高各种数字化学习中的学习效果和体验质量，其研究对象包括学习管理系统、社会学习平台、开放课程等多项内容。另外，冯晓英等人从学习设计的视角指出学习体验设计分为混合式学习模式与策略设计、启发性话题与情境设计、混合式学习活动整体设计、混合式学习路径设计。学习体验设计正是为了支持生成性学习，促进学生的能力发展，通过创设问题情境、设计学习活动、设计学习交互、设计学习资源等帮助学生有效、高效达成个性化的学习目标（冯晓英 & 王瑞雪，2019）。

总结来看，学习体验设计是以学习者为中心的，通过创设问题情境、设计学习活动、设计学习交互、设计学习资源等支持生成性学习。相比于传统的教学设计，学习体验设计更关注如何获取实践知识技能，促进学生的能力发展。

> **Tips** 👆
>
> 情感是体验的核心（陈佑清，2002），将积极情感作为驱动力能够有效驱动学习者主动接受和吸纳所学知识。学习体验设计需要充分调动学习者的积极情感，促进学习者通过反思归纳和协作交流进行深度学习，将原有碎片化的知识和思维进行无缝拼接（余明华等，2017）。

二、学习体验设计框架研究

学习体验设计的概念框架是理解学习体验设计、形成概念共识的核心。当前学习体验设计的框架研究多源自用户体验的经典框架，学者们从多个角度进行了具体设计。普劳特（Plaut，2014）针对学习体验设计，基于用户体验的经典层次模型，完善并形成了学习体验设计框架，如图 7-1 所示。该框架主要包括：①策略层，其作用在于鉴别学习者及其所属机构的学习需求和教学目标；②需求层，基于策略层的目标，准确定义学习体验所需的内容及逻辑，以实现相应的战略目标；③结构层，通过聚集最适合于学习者的各类要素，形成学习者的学习体验；④交互层，用于定义学习者在实际中与内容的互动方式，如各类活动、讲座、测评等；⑤感觉层，构成了学习体验的表象和

---

① Yogesh Pandey. Learning Experience Design-Introduction (Part 1) [DB/OL]. [2017 -07 -07]. https：//ele-arningindustry. com/learning-experience-design-introduction-part-1.

感觉，同时包括相应的材料及交流。

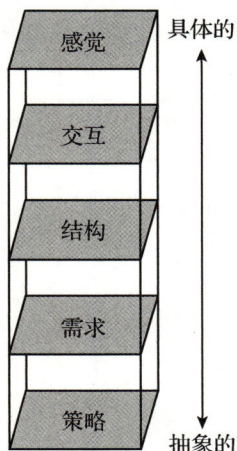

图 7-1　Plaut 提出的基于用户体验的学习体验设计框架

帕里什（Parrish et al.，2011）提出了学习体验设计层次框架，将学习者的学习体验设计分为无意识、强迫例行、未完成活动、愉悦例行、挑战努力、美感体验六个层次，并提出这一体验层次受情境特点和个体特点的影响，情境上呈现出一致的、共鸣的、强制的、有延展性的、即时的等特点。其各层次的具体特征如下：①无意识层次——学习没有发生，学习者也没有获得相应的价值和结果；②强迫例行层次——强迫发生的学习，学习者个人投入较少，会对后续学习产生负面影响；③未完成活动层次——学习者个人投入学习，但是其学习过程被打断；④愉悦例行层次——学习者投入较多的例行活动，能够产生持久价值的学习，进程比较缓慢；⑤挑战努力层次——学习者乐于在学习中接受挑战并付之以持续的努力，更注重长期持续的回报，其往往沉浸于学习所带来的思考中；⑥美感体验层次——学习体验的最高水平，学习者能够主动从学习中获得意义，美感体验的特点以期待和积极参与的方式进行学习。

三、小结

学习体验是学生在学习过程中对课程、教学活动、教学交互、学习环境等所产生的体验，是学习活动过程与结果的结合体，重在强调学习者在学习过程中的经历以及从中所获得的诸多的情感与反应。学习体验设计可以看作学习时代、用户时代、学习科学时代的综合作用结果，是以学习者为中心的，通过创设问题情境、设计学习活动、设计学习交互、设计学习资源等支持生成性学习。

名家语录或其他提示

当谈到有效学习经验的设计时，一个挑衅性的问题值得一百个宣言。

——伯纳德·布尔

第二节
混合式学习模式与策略设计

本节学习目标

1. 能够理解并运用混合式学习模式。

2. 能够理解并运用混合式学习策略。

混合式学习模式与策略设计是学习体验设计的第一步，也是学习体验设计的关键。

学习模式、学习策略是教学论研究领域使用频率很高的概念。教师需要根据混合式教学的核心目标设计宏观的学习模式与策略。例如，围绕核心目标，适合采用案例式教学，还是项目式教学？从学生视角出发，学习模式是假定能够使学生达到最佳学习状态的办法，学习策略是旨在帮助学生提高学习效果和效率，从而达到有效学习的学习方案。学习模式与策略设计是学习体验设计的首要环节。下面，我们来认识一下混合式学习模式与策略设计并分析如何设计混合式学习模式与策略。

一、混合式学习模式

（一）学习模式

学习模式是指在一定的教育思想、教学理论和学习理论的指导下，在一定的环境中教与学活动各个要素（教师、学生、内容、媒体）之间稳定关系和教学活动进程的结构形式。完整的学习模式应该包含教学理论、教学目标、操作程序、实现条件、教学评价等要素。这些要素相互影响、相互制约，教学理论是依据，教学目标是核心，教学评价是标准，操作程序是实现教学目标的手段和步骤，实现条件是教学达到教学目标的保证等。学习模式离不开特定的学习环境和学习资源。传统的学习模式基于教室、黑板、粉笔、教科书等。信息化环境下，随着传播媒介、教学环境和教学资源的变化，同时也出现了多种信息化学习模式。信息技术环境下的学习模式主要包括讲授型模式，小组协作学习模式（讨论学习模式、协作学习模式），个体自主学习模式（自主监控型、操作练习型、问题教学型、探索发现型）等（钟志贤，2006）。

（二）混合式学习模式的分类

混合式学习的关键是通过对课程进行再设计，为学生创设积极的、协作的学习体验，帮助学生通过主动参与学习，积极建构自己对知识的理解。为此，很多研究者在积极探索混合式教学的同时，提出了基于自身实践案例的混合式教学模式。这些模式看起来大致相同，具体又有所不同。冯晓英等人从混合式教学的物理特性和教学特性两个维度，对混合式教学模式进行了分类。从物理特性维度看，依据不同的学习方式在混合式教学中所占的比重，将混合式学习模式分为三类：线下主导型混合式学习、线上主导型混合式学习、完全融合型混合式学习；从教学特性维度看，依据所采用的教学法，将混合式学习模式分为三类：讲授式混合式学习、自主式混合式学习、交互/协作式混合式学习（冯晓英 & 王瑞雪，2019）。

二、混合式学习策略

（一）策略

"策略"是教育教学中的关键概念，应用颇广，但也常常让研究者和实践者感到困惑和混乱。在使用"策略"概念时，首先需要明确在哪一个层面上界定。

宏观层面上，"策略"通常是指在一定的理论基础之上，根据教学目标、教学任务和学生特征，有针对性地选择相关的教学内容、教学组织形式、教学方法和技术，从而形成具有效率意义的特定的教学实施总体方案（顾明远，1998）。国外学者也将其视为包括教学原则和教学方法的教学过程（Benitez et al.，2007）。还可以从模式层面上理解宏观层面的"策略"，如替代性教学策略、探究式教学策略等。

中观层面上，"策略"通常是指为了实现特定的教学目标，根据教学任务的特点所采用的具体的教学方式、方法，以引导教学活动（埃金 & 王维诚，1990；李康，1994），亦可理解为方法层面的策略，如切块拼接策略、先行组织者策略等。

微观层面上，策略是支持战略性教学方法的教学技巧、策略（Benitez et al.，2007；Orlich et al.，2012；Breytenbach et al.，2017），是教学策略在具体教学活动上的落实和实践的方法，即教师对教学过程中的具体师生活动进行设计和控制的方法（李康，

110

1994；和学新，2000），如头脑风暴、维恩图等。

(二)混合式学习策略研究现状

近年来，关注混合式学习策略的研究很多。其中国内的研究者和实践者主要关注宏观层面的策略，包括促进混合式教学改革的策略(任军，2017；谭永平，2018)，以及以翻转课堂为代表的混合式教学策略(张永良等，2018)。少数学者关注了中观层面的混合式教学策略，但这些策略主要聚焦于混合式教学资源的建设。例如，魏华燕等(2019)提出的促进混合式教学情境下生成性资源进化的四点策略；谭永平(2019)提出的混合式教学线上资源建设的"3544策略"等。

3544 策略

3544策略指的是明确三个目的、坚持五项原则、突出四点要素、强化四项措施的策略。

三个目的：一是能够吸引学生去学习；二是方便学生自主去学习；三是能够帮助学生对抽象、复杂等难以理解和掌握的知识、理论和技能实现直观、可视化，并形成相应的能力。

五项原则：一是实用性原则；二是多样性原则；三是简约性原则；四是形象性原则；五是趣味性原则。

四点要素：一是学习任务单与导学说明；二是线上教学课件；三是微课、视频、动画等可视化资源；四是测试题和探究题。

四项措施：一是加强课程团队建设；二是加强研究和指导；三是加强学习和交流；四是建立激励机制。

国外学者则更多地关注微观和中观层面的混合式学习策略，主要采用实证研究的范式来验证某些策略对混合式学习的影响。具体来看，微观层面上的策略研究主要聚焦于混合式教学活动的开展与资源运用。例如，通过在混合式健康教育课程中开展实验研究发现，在教学交互活动中适当开展协作学习能够显著提高学生对课程的满意度和学生的社会临场感(So & Brush，2008)；使用 Web 2.0 技术和服务(如 Web Widget、协作编辑工具等)能够有效地提高学生在线学习阶段的效率(Köse，2010)，利用聊天室、电子邮件等工具也能够促进师生之间的及时互动与交流(Du et al.，2103)。中观层面上的策略研究主要探讨了学生自主学习与提高学习趣味性的相关策略。例如，通过实验发现自适应学习策略在在线和混合环境中都与学生成绩相关，学生在混合式学习中制订时间管理计划进行自主学习非常重要(Broadbent，2017)；通过对65项护士教育的研究进行定性元分析发现，基于计算机的游戏化教学策略能够提高学生的学习兴趣，对其他教学策略也有显著的促进作用(Ke，2011)。

对教学实践者和研究者而言，宏观、中观和微观层面上的策略都有重要价值，缺一不可。混合式学习设计需要自宏观、中观至微观，自上而下、逐层细化的策略指导。

三、设计混合式学习策略的方法

(一)混合式学习设计的典型策略

1. 明晰的核心目标：有效、高效教学的根本保障

在混合式学习中，最让教师感到困扰的问题是：当教师把部分学习内容转变成在线学习的内容和任务后，学生们的学习投入增多了，但学习效果可能并没有得到改善。那么，混合式学习如何设计，才能让学生在尽量少的投入下，取得较好的学习效果？对于这一困扰，很多教师将其归因于线上学习资源的质量不高。殊不知，目标设计不清晰，才是最大的症结。教学目标引领着教学策略、活动与资源的设计(奚定华，2001；阳利平，2014)。实现有效、高效的混合式学习，首先要强化目标设计，或者说找到教学的"魂"，并由其引领混合式学习策略、学习活动、学习资源等的设计。

2. 线上、线下、现场的相辅相成：高效学习的关键

避免学习活动和内容的重复，让线上、线下、现场学习活动相辅相成，是实现高效混合式学习的关键。线上、线下、现场学习相辅相成，包含两层含义：第一，为不同的学习活动选择最合适、最高效的学习方式。线上、线下现场等不同的学习方式对不同的教学策略和学习活动的支持程度有所不同；第二，不同的学习方式的学习活动之间彼此呼应、相互支持。高效的混合式学习设计，应避免线上、线下、现场学习内容的简单重复，同时应着重考虑线上、线下、现场学习活动之间的彼此呼应与相互支持。

3. 开放式的学习活动、真实的学习体验：有吸引力的法宝

如何激发学生的学习兴趣、提升学习的吸引力，似乎是所有教学面临的共同问题。混合式学习本身也并不会因为线上学习、线上资源的加入而变得更有吸引力——学生在经历了混合式学习初期的新奇之后，可能很快就失去了兴趣。而让学生认识到所学内容的价值，让学生感受到成就感，让学生在真实的情境中学习，都能够有效激发学生的学习动机，提升学习的吸引力。设计开放式的学习活动，意味着所设计的学习活动和任务不是有固定答案的，而应当是非良构的，能够给学生留下充分的探索空间。

4. 数据驱动的学习分析技术：集体教学的个性化成为可能

如何在集体教学、规模化教学中满足学生个性化、差异化的学习需求，实现因材施教，是传统学校教学一直面临的主要矛盾和难点。混合式学习解决集体教学中的个性化需求，有两个重要的技术基础：一是混合式学习为采集学生学习过程数据提供了

可能，从而为基于学习分析技术的个性化分析与测评提供了重要的数据基础；二是混合式学习中可适当设计基于学习分析技术的个性化分析与测评工具、数据驱动的自适应学习工具等，从而为集体教学中的个性化学习的支持与干预提供可能。

> **Tips** 👆
>
> 　　在进行混合式学习设计过程中，以上四个典型策略并不是相互独立、割裂的，而是彼此交织、呼应的。应从核心目标设计开始，设计相辅相成的线上线下活动，再考虑如何吸引学生的注意力且尽量满足学生的个性化需求。由此，才能设计出有效、高效、有吸引力、个性化的混合式学习。

（二）混合式学习策略设计的案例参考

　　下面将以高中语文阅读《赤壁赋》混合式教学案例为例进行介绍，为大家进一步分析如何开展混合式学习策略设计。

👤 **案例 7.1**

高中语文阅读《赤壁赋》混合式学习

　　当教师对《赤壁赋》的教学模式与策略进行设计时，首先需要明确教学的核心目标。《赤壁赋》的核心目标为："感悟《赤壁赋》表达了怎样的情感"。此核心目标贯穿引导了整个课程的设计（应用策略一）。

　　《赤壁赋》混合式学习活动设计如表 7-1 所示，活动 1～3 为在线学习，教师为学生设计了开放的探究式学习任务。学生通过在线阅读材料、在线互动，初步感悟并探讨"《赤壁赋》表达了怎样的情感？"

　　这种基于在线学习的开放的探究式任务，既激发了同学们的阅读兴趣，也给每位同学提供了充分分享自己阅读理解的机会（应用策略三）。

　　基于同学们热烈的在线讨论，教师发现，同学们的疑问主要集中在："文中 3、4 段的主客论辩表达了哪些深刻哲理"？其中有两位同学的观点最有代表性（应用策略四）。于是，教师聚焦了线下的课堂教学，通过活动 4～7，重点探究核心问题："主客二人分别表达了对人生的不同看法，你倾向于谁的看法？请结合本文谈谈你的理解"。

　　由此，课堂教学重点解决了在线学习中的难点问题，实现了线上、线下的相辅相成（应用策略二）。与此同时，开放的话题、有引导的讨论，既激发了每名同学的阅读兴趣和参与积极性，又给了每位同学充分深度阅读、思考、展示的机会（应用策略三、策略四）。

　　课后，通过在线学习活动 8、活动 9，进一步促使学生完成对课文的深化理解并拓展迁移，进一步实现了线上、线下的相辅相成、相互呼应（应用策略二）。

在整个学习过程中，在学习分析技术的支持下，每一名同学都围绕核心目标形成了自己的阅读成果（应用策略四）。

表 7-1　《赤壁赋》混合式学习活动设计

活动
活动 1：阅读材料整体感悟课文内容
活动 2：针对课文体现的情感提出疑惑并讨论
活动 3：撰写初读《赤壁赋》的感受并分享
活动 4：展示、点评自学成果，解除自学疑问
活动 5：研读文本，讨论分析内容与情感 针对文章三个核心问题开展小组讨论并分享成果
活动 6：品味鉴赏，互评互学 互评课前提交的阅读感想并进行交流
活动 7：总结，齐读课文，强化思想感情
活动 8：深化理解，反思提高 基于最新理解，改写课前提交的学习感悟
活动 9：拓展迁移 体会前后两篇《赤壁赋》在行文结构、情感内涵、表达方式等方面有何异同并讨论

【问题思考】

(1)在该案例的教学过程中，是如何做到线上、线下相辅相成的呢？

(2)请你进一步分析，在教学过程中，不同的策略分别对学习设计起到了怎样的支持作用？

四、小结

学习模式是在一定的教育思想、教学理论和学习理论指导下的，为完成特定的教学目标和内容而围绕某一主题形成的比较稳定且简明的学习结构理论框架及具体可操作的学习活动方式。学习策略是指在不同的教学条件下，为达到不同的教学结果所采用的方式、方法、媒体的总和，它具体体现在教与学的相互作用的活动中。在混合式学习设计的典型策略主要有四条：第一，明晰的核心目标——有效、高效教学的根本保障；第二，线上、线下、现场的相辅相成——高效教学的关键；第三，开放式的学习活动、真实的学习体验——有吸引力的法宝；第四，数据驱动的学习分析技术——集体教学的个性化成为可能。在混合式学习中需要合理采用学习模式与策略以提升混合式教学效果。

114

┌───┐
项目式学习活动 4：学习模式与策略设计

请你与同学组成学习小组，建议 3～5 人一组。请你根据自己小组所选的主题，在上章项目式学习活动中的学习目标设计的基础上，利用本节所学的知识，与你的小组成员一起协作、讨论，确定混合式学习设计模式，并进一步选择所需要采用的学习策略。
└───┘

名家语录或其他提示

最有价值的知识是关于方法的知识。

——达尔文

第三节
启发性话题与情境设计

本节学习目标

能够设计启发性话题并创设情境。

启发性话题与情境设计是混合式学习体验设计的第二步。情境教学是教学实践中常用的策略，常用以激发学生的学习兴趣、创设任务情境。如何真正发挥情境教学的作用，让情境教学与其他教学环节相互呼应、前后贯通，一直是创设学习情境时的难点。而启发性话题能够让学习情境与核心目标有效契合，是学习体验设计的重要部分。下面我们将介绍如何创设启发性话题与情境，并通过实际的教学案例进行详细说明。

一、启发性话题与情境的概念

情境教学是教学实践中常用的策略，如果教学设计缺乏清晰的核心目标引导，情境教学就很可能成为教学中孤立的一环，难以真正有效。因此我们需要设计连接情境与学习目标之间的桥梁。

启发性话题

指能够吸引学生注意力，促进课程顺利开展而创设的话题。

启发性话题是契合核心目标所衍生出的，既符合学生的已有知识和经验基础，又能激发学生兴趣的核心话题。例如，"怎样才是一个好的开题报告""如何甄别网络上养生信息的真假"，等等。在启发性话题的引导下，教师或教学设计人员可进一步围绕该话题创设学习情境。因此，启发性话题就是学习情境创设与核心目标之间的设计桥梁，帮助学习情境与核心目标相契合。

> **Tips**
>
> 常见的创设情境的方法有：
>
> (1)讲述生活故事或提出学生感兴趣的生活问题；
>
> (2)利用热点新闻创设问题情境；
>
> (3)运用现代教育技术设计仿真环境，创设丰富的画面形象；
>
> (4)讲述与课程主题相关的历史来创设情境。

二、设计启发性话题与情境

下面将对几个"启发性话题与情境创设"的案例进行详细介绍，为大家进一步分析如何开展启发性话题与情境设计。

案例 7.2

"示范医学"课程

本课程是亚琛(Aachen)学院的医学 6 年制医学课程——"Aachen 模范医学课程"的一部分，是为医学三年级学生专门开设的一门课程(Woltering et al.，2009)。按照冯晓英等人(2018)对混合式教学模式的分类，该课程采取了以线上为主导的交互协作式的混合式教学模式。本课程的核心目标是"掌握医学诊断技能"。教师在授课时采用了问题式导入的方法，在课程开始时给学生设置了启发性问题，让学生在问题的引导下阅读案例文献，课堂教学的问题情境由此创设；学生们被要求用 Wiki 记录下自己的疑惑，并通过交互医学史工具继续学习，将结果记录在 Wiki 上，便于教师及时为学生答疑解惑。教师为学生创设了持续化的问题情境，提高了教学的效率。

【问题思考】

(1)请你思考"示范医学"课程案例中的启发性话题是如何支持情境创设的？

(2)"示范医学"课程案例中所创设的启发性话题与情境在教学过程中所起的作用是什么呢？

案例 7.3

"城市公园的演化与变迁"课程

本课程是上海交通大学设计学院风景园林系的于冰沁副教授为本科生开设的通识教育课程"西方风景园林艺术史"中的一节内容（于冰沁，2019）。按照冯晓英等人（2018）对混合式教学模式的分类，该课程采取了以线下为主导的交互协作式的混合式教学模式。本节课程的核心目标是"了解城市公园的演化与变迁过程"。围绕此核心目标，教师利用雨课堂抛出启发性问题："城市公园是公共所有的还是私人所有的？"随即让学生通过雨课堂的弹幕功能进行回复，一场轻松愉悦的线下课堂讨论由此开展。教师还组织开展了游戏化学习，让学生寻找城市公园内的游人活动，提升学生的参与度，促使学生进一步思考城市公园的功能。另外，教师会给学生们观看其制作的有关"城市公园"的漫画和动画，趣味解构知识点，提升学生的学习兴趣，加强其对知识点的充分解读。

【问题思考】

（1）请你思考"城市公园的演化与变迁"课程案例中的启发性话题是如何支持情境创设的？

（2）"城市公园的演化与变迁"课程案例中所创设的启发性话题与情境在教学过程中所起的作用是什么呢？

案例 7.4

"药物分析"课程

本课程是石河子大学药学院的李乐为医学专业同学们开设的"药物分析"课程（李乐等，2019）。按照冯晓英等人（2018）对混合式教学模式的分类，该课程采取了以线下为主的交互协作式的混合式教学模式。本课程的核心目标是"能够运用专业知识完成对药物的分析"。教师在授课时通过介绍案例来引入课程话题，在教学过程中增加案例式讨论，创设讨论式的教学情境。改变过去以课堂讲授为主的传统教学方法，代之以灵活多样的适合该课程特点的各种教学方法，如启发式、讨论式、案例式、提问式教学，甚至让师生互换位置，鼓励学生自制多媒体课件，走上讲台讲解，创设任务式教学情境，提高课堂中师生的互动效果。另外，教师也会适时结合社会热点问题安排一些实验，组织学生两人一组，自己查资料，自己得结论，调动学生的积极性，用实际的实验情境更好地让学生理解教学内容，合作完成对药物的分析。

【问题思考】

（1）请你思考"药物分析"课程案例中的启发性话题是如何支持情境创设的？

（2）"药物分析"课程案例中所创设的启发性话题与情境在教学过程中所起的作用是什么呢？

三、小结

启发性话题是契合核心目标所衍生出的，既符合学生的已有知识和经验基础，又能激发学生兴趣的核心话题，是学习体验设计的重要部分。在启发性话题引导下，教师或教学设计人员可进一步围绕该话题创设学习情境。因此，启发性话题就是学习情境创设与核心目标之间的设计桥梁。

项目式学习活动 5：启发性话题与情境设计

请你与同学组成学习小组，建议 3～5 人一组。请你根据自己小组所选的主题，在学习目标设计、模式与策略设计的基础上，利用本节所学知识，与你的小组成员一起协作、讨论，进一步完成启发性话题与情境创设。

名家语录或其他提示

教师之为教，不在全盘授予，而在相机诱导。

——叶圣陶

第四节
混合式学习活动整体设计

🎯 **本节学习目标**

能够设计混合式整体学习活动。

在教师所设计的启发性话题与情境的引导下，教师需要进一步思考：怎样的学习活动序列能够帮助学习者有效达成教学的核心目标？

学习活动整体设计是学习体验设计的第三步，也是初步确定学习者参与课程学习、达成学习目标的关键学习路径。学习活动整体设计需要把握学习活动序列，处理好线下与线上活动的关系，在整体设计时以教学的核心目标为导向是非常重要的，只有如此才能够保证学习活动聚焦、教学重点突出。下面我们将进一步介绍如何进行混合式学习活动整体设计，并介绍一些案例帮助大家更好地理解如何设计学习活动。

一、混合式学习活动整体设计策略

邦克(Bonk et al.，2005)指出，混合式学习的一个关键问题是面对面教学与在线学习的比例问题。例如，两者怎样进行混合、两者何时使用、如何将两者融合才能取得最好的成效，而解决该问题的关键是学习活动的设计。在混合式学习活动整体设计的过程中，有两个较为典型的策略，分别是"线上、线下、现场学习活动相辅相成"与"设计开放式学习活动"。

(一)线上、线下、现场学习活动相辅相成

混合式学习活动在设计时要避免与教学内容重复，线上、线下和现场学习活动设计需要达到相辅相成的效果，这也是实现高效教学的关键。线上、线下、现场学习相辅相成，包含两层含义。

第一，为不同的学习活动选择最合适、最高效的学习方式。线上、线下、现场等不同的学习方式对不同的教学策略和学习活动的支持程度有所不同。例如，"对话式教学""讲授"等是教学中最常见的教学策略和活动，如果经过恰当的设计和制作，可以形成更加高效的在线学习资源，对于此类活动，在线学习的方式更加高效。在线学习还可以更高效地支持"讨论""评价""探究"等活动的开展；"提问式教学""破冰""陈述""演讲"等活动采用线下学习更为高效；而实践、实操类活动则更适合现场学习。

第二，不同学习方式的学习活动之间彼此呼应、相互支持。高效的混合式教学设计，应避免线上、线下、现场学习内容的简单重复，同时应着重考虑线上、线下、现场学习活动之间的彼此呼应与相互支持。例如，线下教学时，可以对线上的学习结果进行汇报、点评；线下的学习任务和互动交流可以延伸到线上继续开展；等等。因此，教师在进行混合式教学设计时，应当有意识地利用一些学习工具，并将其作为桥梁，在线上、线下、现场的学习活动之间"穿针引线"。

(二)设计开放式学习活动

迈克尔(Michael et al.，2015)指出，激发学生学习动机是整个混合式学习设计的首要原则。开放式学习活动能够激发学生的学习兴趣、提升学习的吸引力，激发学生的学习动机。混合式学习支持多种学习方式的整合和学习空间的延伸，在设计和开展真实的学习体验和开放式学习活动方面具有优势。真实的学习情境不仅有助于提升学生的学习兴趣，更能够帮助学生真切地理解所学内容的价值，从而更好地激发学习动机。

设计开放式学习活动，意味着所设计的学习活动和任务不是有固定答案的，而应当是非良构的，能够给学生留下充分的探索空间。正如杜威所指出的，失败的教育往往是把经过精加工之后的、知识探究的结果与原始的、天然的探究客体相混淆，从而试图教授学生精加工之后的解决方案，而不是教授学生自己去探索问题、参与探究过程、寻求解决方案(Lipman，1991)。因此，混合式学习设计中，教师需要从传授精加工之后的知识，转向设计开放式的学习活动，支持学生在自主探究过程中实现知识建构。学生将在此过程中感受到自主学习的成就感，并体会到所学内容的价值。

> **Tips** 👈
>
> 　　在进行学习活动整体设计时需要注意：①学习活动任务要适量(陈丽等，2008)，避免任务过载；②学习活动的设计应指向学习目标，同时与学习情境相适应，并符合学生的认知发展特点。

二、开展混合式学习活动整体设计方法

下面将对几个混合式学习活动整体设计的案例进行详细介绍，为大家进一步分析如何开展混合式学习活动整体设计。

(一)"示范医学"课程

在开展混合式学习活动整体设计的过程中，德国 Aachen 学院的"示范医学"课程设计了线上与线下相辅相成的学习活动，并实现了高效混合式学习(Woltering et al.，2009)。

案例 7.5

"示范医学"课程

该课程采用了线上主导的协作式混合学习模式，具体的混合式学习过程见表 7-2。虽然学习活动以在线学习和在线小组协作问题解决为主，但第一次课和最后一次课均采用了线下教学的方式。第一次课中，教师通过一系列学习活动帮助学生更好地理解课程目标和任务，督促学生制定小组目标，为后续的在线学习和在线小组协作问题解决打好基础；最后一次课中，教师针对学生在线学习过程中出现的问题进行解答，帮助学生总结与提升、产出学习成果。在此案例中，线上、线下活动之间形成了良好的彼此支持和呼应，贯穿于学习活动之间的 Wiki 等在线学习工具起到了支撑和连接的作

120

用。具体而言，第一次课时，学生们被要求用 Wiki 记录下自己的问题、学习目标等，为后续继续开展线上学习搭建了桥梁；最后一次课时，教师借助 Wiki 上各小组的学习记录来进行学习诊断。

表 7-2　"示范医学"混合式学习过程

学习方式		学习阶段与活动
线下	第一次 线下会议	1. 各小组阅读案例简介 2. 主持人提问，小组学生根据文献直接回答 3. 各小组将答案添加到小组 Wiki 上 4. 小组通过交互医学史工具继续学习，结果记录在 Wiki 上 5. 学生整理信息，制定学习目标，并添加在小组 Wiki 上
线上	自主学习	1. 利用交互医学史工具、虚拟临床订单录入系统进行线上学习 2. 观看在线视频资源 3. 利用 Wiki 协作共享学习成果与目标
线下 f	第二次 线下会议	教师答疑，帮助有问题的学生找到正确的诊断结果

【问题思考】

(1)请你思考"示范医学"课程案例中的线上与线下活动是如何起到相辅相成的作用的？

(2)请你思考"示范医学"课程案例中的整体学习活动是否能够有效促进学习目标的达成呢？

(二)"助教培训"课程

设计开放式学习活动、真实的学习体验以提升混合式学习吸引力的一个典型案例是香港浸会大学的"助教培训"课程(Law & Hafiz，2018)。

案例 7.6

"助教培训"课程

按照冯晓英等人对混合式学习模式的分类，该课程属于线上、线下、现场学习完全融合的协作式混合式学习模式。该课程的主要目的是让学生了解教学所需的基本理论知识和实践技能，从而在培训结束后能够承担大学的教学任务。为达成这一目标，课程设计了多种开放式的学习活动，让学生自主探索并掌握所需的教学实践技能，完成知识建构。例如，在课程导入阶段，由 6 人组成的各小组负责主持本课程，学生被赋予了充分的自主权，同时课程会利用移动通信设备，结合增强现实软件，将各种问题带入学生的现实生活中，让学生可以随时随地就相关问题做出思考及开展开放式的讨论；在实践教学阶段，组织学生开展现场的户外学习活动，让他们亲身感受，实地开展学习，如表 7-3 所示。

表 7-3　"助教培训"课程教学活动设计

阶段	教学活动
课程导入阶段	各小组主持课程
课程深入阶段	抢答小游戏、小组合作讨论、虚拟 AR 学习体验
实践教学阶段	开展户外实践活动

【问题思考】

(1)请你思考"助教培训"课程案例中所设计的开放的学习活动对教学有哪些支持作用呢？

(2)请你思考"助教培训"课程案例中的整体学习活动是否能够有效促进学习目标的达成呢？

三、小结

学习活动整体设计是初步确定学生参与课程学习、达成学习目标的关键学习路径，需要把握学习活动序列，处理好线下与线上活动的关系。在学习活动整体设计的过程中，要使得线上、线下、现场学习活动相辅相成，实现高效教学；并注意设计开放式学习活动，激发学生的学习兴趣，提升学习的吸引力，激发学生的学习动机。

项目式学习活动 6：学习活动整体设计

请你与同学组成学习小组，建议 3~5 人一组。请你根据自己小组所选的主题，在学习目标设计、模式与策略设计、启发性话题与情境设计的基础上，利用本节所学知识，与你的小组成员一起协作、讨论，进一步完成混合式学习活动整体设计。

名家语录或其他提示

使教学活动进入师生对话、充满生命活力的完美的境界。

——李吉林

第五节
混合式学习路径设计

◎ **本节学习目标**

能够设计混合式学习路径。

在完成学习活动整体设计之后，就要对混合式学习路径进行设计，这也是混合式学习的学习体验设计的最后一步。

在混合式学习中，"如何混合"一直是混合式学习设计的难点。而混合式学习路径设计将解决"如何混合"的问题。基于学习活动整体设计，教师需要进一步考虑混合学习路径将如何设计，即哪些活动将采用线上学习，哪些活动将采用线下学习等。同时，在进行混合学习路径设计的过程中，有可能需要返回对学习活动整体设计的结果进行优化与调整。下面我们将介绍混合式学习路径，并通过实际的教学案例具体说明如何进行混合式学习路径设计。

一、学习路径的概念

学习路径

学习路径(Learning Path)是指学习活动的路线与序列，是为达成一定的教育目标而进行设计的学习任务、学习资源或学习活动的组织序列。

学习路径的概念是由西蒙于1995年首次提出的。他认为学习路径是学生学习可能会进行的路径，即当学生从其原本的起点向一个预期的学习目标进行学习时，可能出现的学习轨迹。从已有研究者对学习路径的界定中，我们可以发现有几个侧重点。第一，侧重学习过程。例如，康弗里(Confrey，2009)等人认为学习路径是"有实验为基础的有序的网络结构，通过指导学生活动、任务、工具、互动的形式和评估方法，通过连续地在表示方法、中间环节和反思中不断地改善，从原本不成熟的想法逐步发展为日益复杂的概念学习"。刘明洲认为："学习路径是一定主题下，各个小学习单元有效组织呈现的顺序"，并提出教材所呈现的信息要进行结构化处理，才能有助于学生循序式地进行自主学习(翟婧，2007)。第二，侧重学习活动。例如，李浩君等人(2016)

认为学习路径即综合学生的认知因素和非认知因素所提供的资源学习序列。彭绍东（2010）认为学习路径即学习活动的路线与序列。第三，侧重教师教学与学生学习的全过程。例如，巴蒂斯塔（Battista，2006）认为学习路径是一个评估系统的组成部分，为教师提供了核心的数学思想，理解学生概念的框架和相关任务，其目的为引起学生思考及课堂评价的支持。科科伦（Corcoran，2009）等人强调学习路径更倾向于是基于"研究学生学习如何进展"，而不是通常的对学科知识的注意。第四，侧重学生的认知发展。例如，萨拉马（Sarama，2011）等人将学习路径定义为：在一个特定的数学领域和一个相关的推测路径下，通过一组教学任务设计来描述孩子的思考和学习，从而从产生这些心理过程和假设的行为来认识儿童思维发展水平的进展。康弗里等人（2010）指出，学习路径代表的认知发展，既不一定是线性的，也不一定是随机的。路径意味着通过实证研究来确定预期的倾向，旨在确定学生可能遵循的步骤，从他们最初的数学思想到发展成为正式的概念，他们认为每个学生的路径可以是唯一的。

综上所述，学习路径是指学习活动的路线与序列，是为达成一定的教育目标而设计的学习任务、学习资源或学习活动的组织序列（赵琳等，2017）。混合式学习路径是指在学习活动整体设计的基础上，进一步考虑学习活动的路线与序列，并决定学习活动开展的形式，以及活动开展过程中需要用到的学习任务、工具与资源。

二、设计混合式学习路径的方法

在混合式学习路径设计环节，教师或教学设计人员需要考虑两点：第一，在宏观层面，将选择怎样的混合模式？例如，是"线下主导＋讲授式"混合式学习模式，还是"线下主导＋交互/协作式"混合式学习模式等（冯晓英等，2018）。第二，在微观层面，混合学习路径如何设计？即基于学习活动整体设计，哪些活动将采用线上学习，哪些活动将采用线下学习等。

下面以高中语文阅读教学《赤壁赋》为例，来具体说明如何进行混合式学习路径设计。

案例 7.7

《赤壁赋》课程

教师围绕"感悟《赤壁赋》表达了怎样的情感"这一核心目标设计了混合式学习路径，如图 7-2 所示。

本课程采用了"线下主导＋交互协作式"混合式学习模式。活动 1—活动 3 为在线学习，教师为学生设计了开放的探究式学习任务。学生通过在线阅读材料、在线互动，初步感悟并探讨"《赤壁赋》表达了怎样的情感?"基于同学们热烈的在线讨论,教师发现,同学们的疑问主要集中在:"文中3、4段的主客论辩表达了哪些深刻哲理?"其中有两名同学的观点最有代表性。于是,教师聚焦了线下的课堂教学,通过活动4—活动7,重点探究核心问题:"主客二人分别表达了对人生的不同看法,你倾向于谁的看法?请结合本文谈谈你的理解"。由此,课堂教学重点解决了在线学习中的难点问题,实现了线上、线下的相辅相成。课后,通过在线学习活动8、活动9,进一步促使学生完成对课文的深化理解并拓展迁移,进一步实现了线上、线下的相辅相成、相互呼应。

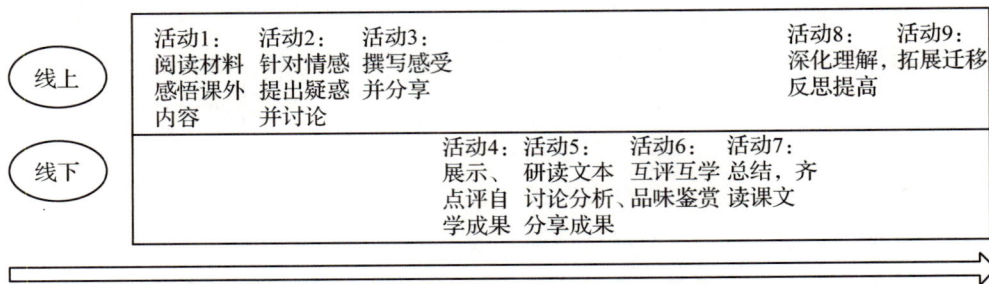

图 7-2 《赤壁赋》混合式学习路径设计

【问题思考】

(1)请你思考《赤壁赋》课程案例中所设计的学习活动是如何支持线上、线下学习活动的开展?

(2)请你思考《赤壁赋》课程案例中的混合式学习路径设计是否能够促进学习目标的有效达成呢?

三、小结

混合式学习路径则是指学习活动的路线与序列,是为达成一定的学习目标而进行设计的学习任务、学习资源或学习活动的组织序列。混合式学习路径设计将直接解决"如何混合"的问题。在本节学习中,主要系统认识了混合式学习路径,并通过对实际教学案例中混合式学习路径设计的分析进一步了解了如何开展混合式学习路径设计。

项目式学习活动 7:学习路径设计

请你与同学组成学习小组,建议3~5人一组。请你根据自己小组所选的主题,在学习目标设计、混合式学习模式与策略设计、启发性话题与情境设计、混合式学习活动整体设计的基础上,利用本节所学知识,与你的小组成员一起协作、讨论,进一步完成学习路径设计。

名家语录或其他提示

设计不是一种技能，而是捕捉事物本质的感觉能力和洞察能力。

——日本设计大师原研哉

🔍 学习活动建议

本章的学习重点：学会设计混合式学习模式与策略；学会设计启发性话题与情境；学会设计整体学习活动；学会设计混合式学习路径。建议学生组建小组，开展合作学习，亲身体验设计混合式学习体验。

本章小结

学习体验是学生在学习过程中对课程、学习活动、学习交互、学习环境等所产生的体验。创设学习体验是混合式学习的解决方案和手段，学习体验设计正是为了支持生成性学习，促进学生的能力发展，通过创设问题情境、设计学习活动、设计学习交互、设计学习资源等帮助学生有效、高效达成个性化的学习目标。在冯晓英等人提出的"核心目标导向的混合式学习设计模式"中，学习体验设计可以分为学习模式与策略设计、启发性话题与情境设计、学习活动整体设计以及混合式学习路径设计。其中，学习模式是在一定的教育思想、教学理论和学习理论指导下的，为完成特定的教学目标和内容而围绕某一主题形成的比较稳定且简明的学习结构理论框架及具体可操作的学习活动方式。学习策略是指在不同的学习条件下，为达到不同的学习结果所采用的方式、方法、媒体的总和，它具体体现在教与学相互作用的活动中。混合式学习路径则是指学习活动的路线与序列，是为达成一定的教育目标而进行设计的学习任务、学习资源或学习活动的组织序列。

总结 >

🔶 关键术语

学习体验	Learning Experience
教学模式	Teaching Mode
教学策略	Teaching Strategies
情境创设	Situation Creation
学习活动	Learning Activity
学习路径	Learning Path

应用 >

Aa 批判性思考

本章我们认识了混合式学习的学习体验设计，也学习了如何进行混合式学习路径设计。那么请同学们思考一下，"互联网＋"时代给混合式学习体验设计提供了哪些助力呢？

✎ 体验练习

一、判断题

1. 混合式学习体验设计是混合式学习设计的第一步。

2. 项目式学习属于学习策略。

3. 使用了在线工具的教学就属于"线上主导型"混合式教学。

4. "学习路径"是指学习活动的路线与序列，是为达成一定的教育目标而进行设计的学习任务、学习资源或学习活动的组织序列 。

二、简答题

1. 请你简述 Plaut 提出的基于经典用户体验模型的学习体验设计框架。

2. 请你简要介绍一下混合式学习模式的分类。

案例研究

以内蒙古广播电视大学的王慧老师为开放教育专科一年级学前教育专业学生所开设的一节课程——"学前教育学"为例。

1. 课程内容介绍

"学前教育学"这门课程面向的是开放教育学前教育专业专科的学生，在开放教育第二学期开设。这门课程是该专业的一门基础课程，幼儿园的教育活动是幼儿园教学与管理工作的核心内容，幼儿园教育活动开展的效果直接关系到整个幼儿园教育工作的成效，因此"幼儿园的教育活动"这一章的内容是"学前教育学"的一个重点内容，对学生具有很强的理论和实践价值。

本章的学习重点是在完全领会幼儿园各种活动组织要领的基础上，能够独立设计、撰写幼儿园各种教育活动方案；本章的学习难点是在原有知识内容学习的基础上，将理论知识转化为学生的实践能力，通过多种方式对教学内容系统学习后能独立设计并组织教育活动，并能够灵活运用所学的各种活动方式，针对不同的教育内容合理设计、选择合适的活动方式。

2. 学习活动与学习路径设计

本门课程的核心目标是"如何设计与实施幼儿园教育活动？"围绕该核心目标，王慧老师设计了"线上为主＋交互协作式"的混合式学习模式，并开展了具体的学习活动与学习路径设计，如表7-4所示。

表7-4 "幼儿园的教育活动"学习路径设计

学习活动	适合的学习方式	资源与工具
热身活动、章节导入： 学生参与讨论区讨论，发表自己"失败"的教育活动经历，同时浏览并回复他人帖子	在线	学习平台讨论区
知识内容学习： 观看教学视频、阅读文本资源、参与测试	在线	微课、辅助资料、测试系统
观看和浏览优秀的教学案例	面授	案例视频与案例文档
分析与点评典型教学设计方案，并回复其他同伴	面授	典型教学设计方案文档
设计并提交一份教育活动教学设计方案，并与同伴进行互评	面授	

本章概述

　　本章的学习目的在于让同学们了解并掌握混合式学习中学习支架设计的具体内容及方法，并能够运用这些方法开展混合式学习的支架设计，包括不同阶段的混合式学习活动支架设计与学习支持的支架设计。本章共包括分 3 节内容。第一节介绍学习支架的概念并进一步阐述混合式课程不同阶段的支架设计原则。第二节介绍混合式学习活动的支架设计策略。第三节对混合式学习支持的支架设计策略进行详细的阐述。

内容导图

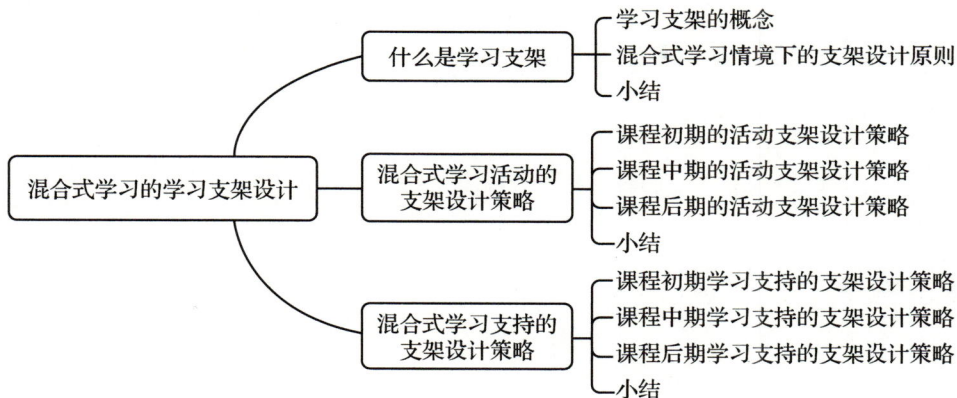

读前
反思

第八章我们将了解混合式学习过程中必不可少的学习支架，并学习如何设计混合式学习活动和资源工具。请你思考以下问题，完成第八章的学习。

1. 在日常学习活动中，教师为你提供了怎样的支持呢？
2. 混合式学习过程中有哪些常见的学习活动？
3. 你认为混合式学习过程中可以提供哪些与传统环境下不一样的学习支持呢？

章内栏目

随着互联网技术的发展，传统面授课堂中的一些问题似乎找到了解决的方法。刘老师是某市重点中学的先进教师，他的课堂总是有很多新奇有趣的活动能够吸引学生的注意力。但这段时间，刘老师却遇到了棘手的问题。最近他新尝试了一种混合式的学习方法，让学生们在上课之前提前学习该节课的内容，而把课堂上的时间留给更深层次的讨论交流，希望促进学生们的深度学习。然而学生们课前自学的效果并不好，课堂上的讨论也是流于形式，并不能够使学生真正理解知识。这是为什么呢？如何让混合式学习更有效呢？

本章主要关注混合式学习的学习支架，包括学习活动的细化设计以及混合式学习支架支持的支架策略。希望学习这一章内容后，你能够了解学习支架，并初步掌握混合式课程中学习活动和学习支持的设计策略。

第一节
什么是学习支架

🎯 **本节学习目标**

1. 简述学习支架的概念。

2. 概述混合式课程不同时期的支架设计原则。

通过第六章和第七章的学习，我们对混合式学习的核心目标设计以及学习体验的设计都有了一定的了解。学习支架是"互联网＋"时代混合式学习的第三个关键词，能够帮助、引导学生完成学习任务，对学生的学习效果有着最为直接的影响。希望本节的学习，能够帮助你认识什么是学习支架并初步掌握混合式课程不同阶段的支架设计原则。

一、学习支架的概念

学习支架（也称教学支架）是建构主义学习理论指导下的经典教学策略，源于维果茨基提出的最近发展区理论（Vygotsky，1978）。最近发展区理论认为学生的发展有两种水平：一种是学生独立解决问题的水平即现有水平，另一种是通过教学学生可能获得的潜力即可能的发展水平，两者之间的差异就是最近发展区。要想辅助学生实现最近发展区内的发展，不仅需要具有一定挑战性的学习任务，学习支架也尤为重要，能够在发展学生潜力的同时很好地维持学生的学习积极性。布鲁纳等人认为教学支架包括为学生提供示范、指导、工具和策略等（Wood et al.，1976）。举例来说，在课程开始时，学生对新的学习环境还不适应，教师此时就应该提供一定的学习支架，如设置技术互助小组、及时对学生的困难进行指导等，从而使学生更快地适应课程。

如第二章所述，在混合式课程中教师应当以探究社区模型和混合式教学动态支架模型为理论基础，为学生设计学习支架。支架的目的性特征主要体现在探究社区模型理论上，这一理论帮助学生了解在混合式学习过程中需要哪些支架，这些支架支持了什么以及如何支持。支架的临时性特征则主要由混合式教学动态支架模型作为理论支持，帮助学生明确何时提供和撤除支架。探究社区模型认为教学临场感、社会临场感和认知临场感是混合式课程中的关键要素，学习支架应当支持三种临场感的创设，从而促进课程中有效学习的发生。混合式教学动态模型进一步指出：在混合式教学过程中，教学临场感、社会临场感和认知临场感的教学支架强度应该是不同的、变化的。

Tips 👆

> 在混合式学习过程中，学生的学习需求在不断发生着变化。课程前期，学生需要了解熟悉新的学习环境，而课程中期，则对知识有较强的求知欲，到课程后期，学生则更迫切地需要进行深层探究。根据学生不同时期的学习需求，课程也有着阶段性的目标，因此教师要参考学生需求及教学目标提供动态的支架，从而更好地支持学生完成课程的学习。

混合式学习过程的支架主要分为两类：学习活动的支架和学习支持的支架。学习活动的支架主要是教师作为学习设计者在教学之前根据学生的学习状态和学习能力设计相应的活动，从而使学生能够主动积极地完成学习任务、达成学习目标。学习支持的支架是为学生在学习过程中的困难提供帮助，包括预设的支持以及在教学过程中动态的学习支持服务。

二、混合式学习情境下的支架设计原则

基于探究社区模型和混合式教学动态支架模型理论，教师应当根据混合式学习情境下课程初期、中期和后期学生不同的学习特点与需求提供不同强度的学习支架，从而利用有限的教学资源让教学临场感、社会临场感和认知临场感尽可能多地处于较高水平，促进混合式课程中有效学习的发生。

（一）课程初期的设计原则

课程初期，教师应当设计合适的活动帮助学生适应学习环境并为学生提供及时的动态化支持。学生才能跨越混合式学习的第一道槛，建立起对教师、同伴的信任并形成强烈的学习动机，从而更好地投入到课程中后期的学习中。这一时期的支架设计应突出两个设计关键词：信任和激励。

具体来看，在混合式学习课程初期设计时教师要遵循两个设计原则。

第一，着重创设社会临场感：营造开放、友好的学习氛围，让学生产生归属感。自由、积极的学习氛围对课程初期学生适应学习环境有着很重要的作用。教师应当有

意识地构建学习活动的支架和学习支持的支架，帮助建立学生间的相互信任，促进学生与教师、同伴的交互，使学生更加积极主动地投入课程。

第二，重视创设教学临场感：建立学生对教师的信任，激发学生的学习动机。课程初期，教师应当设计案例分享等活动树立专业权威，使学生信任教师，教师还应当尽可能多地激励学生，从而激发学生的学习动机。

（二）课程中期的设计原则

随着课程学习的逐步深入，学生内部已经形成较高水平的社会临场感，开始正式进入更具挑战性的课程学习。在课程中期，学生之间开始频繁地进行交互协作，对知识的内化和建构的需求逐渐提高。及时的、有针对性的指导在这一时期显得尤为重要。根据混合式学习课程中期的学习特点，这一时期的学习支架设计应突出两个关键词：引导和探索。

具体来看，在混合式学习课程中期教师要遵循两个设计原则。

第一，着重创设教学临场感：提供细致、结构化的引导，促进学生的交互协作。由于学生之间有效的交互协作并不能自然发生（Anderson，2008；Guldberg，2007），因此，教师需要着重搭建支架创设教学临场感，通过适时的引导和反馈使学生充分地进行讨论交流，促进有效的交互协作，为进一步的知识建构打下牢固的基础。

第二，逐渐加强认知临场感的创设：促进学生协作探索，进行知识建构。课程中期，学生面对的是难度较高的认知活动。教师应当逐渐加强创设认知临场感，使用相应的设计策略，如案例分析、话题的评价反馈等搭建支架，帮助学生探索、自我反思以及解决问题，实现知识的内化和建构。

（三）课程后期的设计原则

混合式学习课程进行到后期，学生面临着更大的认知挑战，需要进行更高层次的知识建构，并根据真实问题情境产出有创新性的学习成果。根据混合式学习情境下课程后期的学生需求和学习特点，这一时期的学习设计应突出三个关键词：建构、应用和创新。

具体来看，在混合式学习课程后期教师要遵循两个设计原则。

第一，着重创设认知临场感：支持学生进行高难度的知识建构、应用和创新。在学习任务的推动下，学生知识获得和建构的需求最迫切（Salmon，2003）。然而应用知识解决复杂问题对学生而言有较高的难度，因此教师可以设计作品展示等活动持续激发学生问题解决的动力，并提供及时的学习支持辅助学生进行高层次的认知活动。

第二，逐渐减弱教学临场感的创设：为学生自主思考和探索提供充分的空间。在课程后期，教师过多的指导反而不利于学生的知识建构和创新，因而教师需要撤出直接指导的设计，让学生的认知能力在自主探索和与同伴交流互动中得到提升。

三、小结

学习支架又称教学支架，是苏联教育家维果茨基提出的最近发展区理论中最为重要的教学策略之一。学习支架具有目的性和临时性两个显著的特征，是为了支持学生完成学习任务所提供的一切帮助包括工具、资源、活动、指导等。在混合式学习中，学习支架分为学习活动的支架和学习支持的支架。

在混合式学习情境下的不同阶段，由于学生需求和学习特点不同，支架的种类和强度也有所变化，这就要求教师参照相应的设计原则进行设计。本节对什么是学习支架以及混合式教学情境下的支架设计原则进行了介绍，希望能够帮助学生对混合式学习设计的支架搭建形成进一步的认识。

名家语录或其他提示

常制不可以待变化，一涂不可以应万方。

——葛洪

为了在教学上取得预想的结果，单是指导学生的脑力活动是不够的，还必须在他身上树立起掌握知识的志向，即创造学习的诱因。

——赞可夫

第二节
混合式学习活动的支架设计策略

🎯 本节学习目标

1. 简述混合式课程不同时期的活动支架设计策略。

2. 了解如何设计混合式学习的活动支架。

上一节内容对学习支架进行了简要的介绍，不难看出学习支架在混合式学习设计中有着重要的作用。掌握混合式教学的设计原则是学习混合式学习设计的第一步，但显然还不足以支持具体的混合式学习支架设计。这一节我们将聚焦于如何设计混合式学习活动的支架，通过案例了解典型的学习活动支架设计策略在课程初期、中期和后期的应用。

一、课程初期的活动支架设计策略

基于混合式学习课程初期的两大设计原则，学习活动支架设计分为社会临场感的支架设计策略和教学临场感的支架设计策略两类。

(一)社会临场感的支架设计策略

1. 初期设计策略一：建立身份认同和归属感，形成友好、活跃的交流氛围

混合式学习课程初期，教师需要重点创设社会临场感。其首要的支架设计策略是设计恰当的学习活动，帮助营造开放、友好的交流氛围，让学生感觉安全并产生归属感，从而愿意在后续的混合式学习过程中开放交流、积极深入地参与（张丽霞 & 郭秀敏，2012）。研究表明，情感的缺失和交流的减少对学生的学习情绪有负面影响，是学生面临的主要学习困难（陈义勤，2008；王济军等，2007）。

> **Tips**
>
> 在混合式学习过程中，学生在课程初期、课程中期和课程后期都可能产生对学习的负面情绪。如果课程初期学生无法对相应的学习集体产生正向的情绪和积极的交流意愿，那么在之后的学习活动中往往会陷入被动的、消极的状态，因此营造愉悦、友好的学习氛围就显得尤为重要。而课程中后期，知识密度陡增，学生面临着大量的认知负荷，因此容易出现畏难、拖延、自暴自弃等情绪。教师则应当给予及时的鼓励，帮助学生树立信心。

身份认同和归属感的建立能够使学生形成紧密的学习共同体和群体向心力（王志军，2012）。通过同伴交互激发学生的学习热情，促使学生积极地协作。此外，研究表明，团队协作能够提高论坛讨论的思考水平和讨论质量（Szabo & Lopez，2013），提高混合式学习的效率。支持此策略的典型的混合式学习活动包括破冰活动、在线学习初体验、我的理由、共同兴趣、小组建设等活动，具体描述见表 8-1。

表 8-1 典型学习活动——初期设计策略一

策略	典型活动	具体描述
建立身份认同和归属感,形成友好、活跃的交流氛围	破冰活动	学生从姓名、来自哪里、从事的行业、选择课程的原因、兴趣爱好等方面进行自我介绍
	在线学习初体验	学生写出最少 3 个"我的第一次在线学习体验",并给出简短介绍,可以谈谈我第一次使用搜索引擎……我第一次网购……我第一次体验万维网……学生可以相互交流体验
	我的理由	学生至少给出 3 个喜欢或者不喜欢教师给定的某一事物的原因,教师组织学生开展讨论
	共同兴趣	教师列出一些兴趣爱好,学生可以添加兴趣或参与感兴趣主题的讨论。例如,我最喜欢玩的体育运动是……我最喜欢的课程是……
	小组建设	通过平台、QQ、微信等方式建立在线学习共同体,小组成员通过讨论确定小组名称、口号、小组长,从而迅速形成集体归属感

2. 初期设计策略二:熟悉学习环境

混合式学习课程初期创设社会临场感的第二个策略是设计相应的活动消除学生对教师和学习同伴的陌生感,并解决学生在技术环境等方面的问题,使学生快速适应学习环境,顺利进入到学习课程、建构知识的状态。适应技术环境被认为是影响网络教学效率的重要因素(余胜泉,2005),也是学生在混合式课程初期面临的最大挑战之一。不难看出,混合式的学习方式对学生的信息技术素养提出了一定的要求。当学生自身的能力不足时,教师应设计活动辅助学生熟悉课程中会用到的功能(Feng et al.,2017;李逢庆,2016),并及时组织集体答疑会,解决学生在技术应用方面的疑问,从而避免学生因为技术环境适应不良而导致的辍学或投入度低等情况(Berge,1995)。支持此策略的典型的混合式学习活动有:欢迎信、我来报道、我的问题、熟悉技术环境和完善个人资料,具体描述见表 8-2。

表 8-2 典型学习活动——初期设计策略二

策略	典型活动	具体描述
熟悉学习环境	欢迎信	教师致欢迎信,向学生表示欢迎,整体介绍课程,让学生了解可以随时咨询相关问题
	我来报道	每位已经注册的学生回复教师的任务帖,以此说明自己获得用户名和密码,学生也可以简单地进行自我介绍
	我的问题	学生询问自己关心的技术或学习问题,并记录解决建议与大家分享
	熟悉技术环境	学生点击学习平台中的常用功能,并将个人平台使用感受记录下来与大家分享
	完善个人资料	学生添加 E-mail 地址、修改密码、上传个性照片,真实呈现个人的信息

(二)教学临场感的支架设计策略

1. 初期设计策略三：了解课程，信任老师

教学临场感的创设同样是混合式学习课程初期学习设计的重点。创设教学临场感的第一个策略就是让学生了解课程，从而明确学习目标，并通过适当的活动在学生心中建立教师的专业权威，使学生充分信任教师和课程。学生应当被告知课程的基本情况，包括课程目标、课程内容等，从而更好地适应课程的节奏。学生是否明确课程的重难点是教学有效性的重要衡量标准（Doyle，1983），它能够帮助学生合理分配学习时间和投入的精力，使学生了解努力的方向。任何形式的有效教学的开展都需要学生与教师互相信任尊重（张相乐，2010；Young & Shaw，1999），尤其是学生对教师的信任，对学生后续学习活动的参与度都有着重要影响。教师可以在初次和学生交互时明确自己的风格和特色吸引学生，激发学生的学习兴趣，并充分展现专业素养提升学生对教师的专业信任感。基于本策略，可供参考的典型的混合式学习活动包括阅读课程信息、教师自我介绍、你问我答、我的课程我做主等，具体描述见表8-3。

表8-3　典型学习活动——初期设计策略三

策略	典型活动	具体描述
了解课程，信任老师	阅读课程信息	学生了解课程相关信息，包括课程目标、考核方式、课程内容、教学计划等
	教师自我介绍	教师向学生介绍自己的专业、教学年限、教学经历、专长、兴趣爱好等（小视频）
	你问我答	学生自由提问，可以询问教师关于学习方法、课程内容、考核方式等各方面的信息
	我的课程我做主	教师组织学生讨论课程的内容安排及考核方式，由学生提出看法和建议，教师按照学生的意见对课程进行适当的调整

2. 初期设计策略四：激发学习动机

在课程初期，创设教学临场感的第二个策略是通过设计与学生经验相契合的、情境性的学习活动使他们产生学习兴趣，激发他们的学习动机。学习动机的重要性已经成了教育研究者和实践者的共识。大量研究表明学生缺乏学习动机会导致学习参与度下降、学习效果也会受到影响（Veletsianos & Shepherdson，2016），因此课程初期激发动机就显得尤为重要。教师对学生的期望应当通过课程目标和评价标准明确地表达出来（Dennen，2005；Jung et al，2002），提高学生的学习参与度，从而通过事实让学生认识到这门课程能提供给他们所需要的知识。例如，所学内容可以帮助他们解决或避免可能遇到的问题等。此外，将课程知识和学生已有经验相结合（Feng et al.，2017；Hew & Cheung，2008），设计启发性的问题、创设有吸引力的学习情境同样是激活求知欲、提升学习动机的重要方式。学生较高水平的学习动机能够为混合式课程的高效开展提供良好的基础。支持学习动机激发的混合式学习活动有：说出你的期待、我的发展目标、学习契约、告知目标和标准、情境导入等，具体描述见表8-4。

表 8-4　典型学习活动——初期设计策略四

策略	典型活动	具体描述
激发学习动机	说出你的期待	请学生说一说对课程的期待，希望能够有怎样的尝试或是通过学习这门课程能够解决什么问题
	我的发展目标	学生用 25 个词来说明个人发展目标，包括自己想要从课程中学到什么。第二天用 15 个词表述个人目标，第三天用 5 个词表述个人目标，第四天对在课程中同伴的目标给出个人的观点和评论
	学习契约	学生写下自己对本门课的预期目标，在课程结束时可自我检验是否完成
	告知目标和标准	将积极参与学习活动，如讨论等明确纳入课程考核要求和标准，并明确告知学生
	情境导入	教师将学生的生活经验与课程内容联系起来，创设一定的问题情境并提出引导式的问题，进行课程导入

二、课程中期的活动支架设计策略

基于混合式学习课程中期的两大设计原则，典型的支架设计主要有教学临场感的支架设计策略、认知临场感的支架设计策略以及社会临场感的支架设计策略三类。

（一）教学临场感的支架设计策略

中期设计策略一：引导学生有效学习

进入课程中期，课程内容对学生而言有一定的难度，因此首要的设计策略是创设较高水平的教学临场感，引导学生高效学习。教师应当密切地关注学生的学习状态，为学生提供及时的、有针对性的指导，从而促使学生进行有效学习。此外，交互协作是混合式学习的重要方式，而研究表明学生之间有效的交互协作并不能自然发生（Anderson，2008；Karen et al，2007）。教师的引导对于提高学生协作学习的效率十分关键。在进行交流讨论时，学生容易局限于自己的视角，从而使讨论陷入僵局，难以产出有价值的成果。教师应当设计相应的学习活动，如多角度看待问题、总结话题达成共识等（冯晓英，2012；Hew&Cheung，2008），使学生充分地交换信息、从多元的角度看待问题，从而使讨论富有成效。此外，对于学生内容学习上的困难，经验/案例分享等活动能够对知识进行解释和扩展（Feng et al.，2017），帮助学生理解。如何设计活动引导学生有效地进行混合式学习呢？典型的学习活动包括360度看问题、正方与反方、观点对比、经验/案例分享等，具体描述见表8-5。

表 8-5　典型学习活动——中期设计策略一

策略	典型活动	具体描述
引导学生有效学习	360度看问题	教师提供多样化的分析角度，学生选择一个角度发表个人观点，并讨论不同观点
	正方与反方	教师抛出观点，学生可以选择支持或反对，发表个人看法并说明理由
	观点对比	学生根据主题发表个人看法，但其他学生在表达与此观点相反的看法时需说明理由
	经验/案例分享	教师提出一个课程相关的主题，与学生自由分享相关的实践案例、成功或失败经验、个人心得体会等

（二）认知临场感的支架设计策略

中期设计策略二：促进个人及小组知识建构

随着混合式学习的深入，学生面临着更具挑战性的学习任务，对知识内化和建构的需求逐渐增加。中期活动设计的第二个策略就是创设认知临场感，促进个人及小组知识的建构。教师首先要做的就是设计能够引起学生困惑的活动，如案例分析、提出实践中的问题等（冯晓英等，2019；Richardson&Ice，2010），让学生产生建构知识的需要。混合式学习课程中期是信息交换最为频繁的时期。在高强度的认知负荷下，学生往往容易产生消极的情绪。因此教师应当设计相应的学习活动，帮助学生更加高效地获取有价值的信息。当学生在个人或小组知识建构的过程中遇到阻碍不能继续深入时，自我评价、小组互评等活动能帮助学生发现原因，头脑风暴等活动则能很好地调动学生的探索积极性、开拓新的解决思路。课程中期逐步提高认知临场感的水平不只是促进学生在这一时期的知识建构和整合，也是为后期的知识应用和创新奠定坚实的基础。支持这一策略的典型的混合式学习活动包括辩论、头脑风暴、案例分析、角色扮演、问题解决等，具体描述见表8-6。

表 8-6　典型学习活动——中期设计策略二

策略	典型活动	具体描述
促进个人及小组知识建构	辩论	教师给定某个问题,学生展开讨论,小组成员各自陈述观点和立场,并相互提问
	头脑风暴	学生通过在线或面对面交流的方式就与课程内容相关的主题展开讨论
	案例分析	小组成员各自阅读案例并形成个人观点。之后各自陈述案例分析结果,在听取他人分析结果之后对疑难问题展开分析和讨论,最终达成一致的意见
	角色扮演	小组成员各自扮演不同的角色,并从各自角色出发收集信息,之后各自说明调查结果,并回答其他成员提出的问题。如果时间允许,可以转换角色,再次进行信息调查分析
	问题解决	小组成员讨论共同界定问题并形成假设,在明确问题之后进行分工。在规定时间内小组成员各自进行自主学习,收集资料。教师通过问题引导成员整合讨论结果,由小组内部协商讨论并形成最终的解决方案

(三) 社会临场感的支架设计策略

中期设计策略三：激励学生持续参与

在课程中期,课业的高压容易使学生陷入倦怠期(冯晓英等,2019),对学习失去兴趣。因此第三个策略是设计学习活动创设社会临场感,激励学生持续参与混合式学习中。在课程初期,社会临场感的作用是帮助学生熟悉学习环境,从而自由地表达情绪和观点,为后续的学习提供积极的情感支持。但在课程中期,维护学生的学习积极性,使学生持续参与课程是创设社会临场感的主要目的。研究表明,学习参与度是影响学生学习绩效的关键因素(Huang, Lin & Huang, 2012)。教师可以及时发送表扬信鼓励、肯定学生,从而促使学生积极地参与并完成学习任务。此外,在设计活动时应当认识到学生之间的同伴关注和评价能够提升学生的自我效能感,有很好的激励效果(冯晓英,2012)。基于这一设计策略,可供参考的典型的混合式教学活动包括表扬信、面授、督促提醒、同伴互评等,具体描述见表8-7。

表 8-7　典型学习活动——中期设计策略三

策略	典型活动	具体描述
激励学生持续参与	表扬信	教师对学生阶段性的学习状态和学习成果进行总结评价,并挑选出表现较好的学生公开发送表扬信进行鼓励
	面授	教师组织线下教学,与学生进行面对面的教学活动,包括学习任务指导和问题答疑等

续表

策略	典型活动	具体描述
激励学生 持续参与	督促提醒	教师基于对学生的观察和平台的学习数据，对学习状态不佳的学生进行私下一对一的督促和提醒
	同伴互评	教师制定评价标准，让小组或个人之间对彼此的观点或阶段性的作业进行相互点评并给出改进的建议

三、课程后期的活动支架设计策略

基于混合式学习课程后期的两大设计原则，典型的活动设计策略主要是认知临场感的支架设计策略。

1. 后期设计策略一：综合展示与自我发展

混合式学习课程后期是决定学生能否达成高级认知目标、能否发展问题解决能力的关键时期。在学习任务的推动下，此时学生知识获得和建构的需求最为迫切（Salmon，2003）。因此教师应当创设高水平的认知临场感支持学生解决问题，并设计综合展示类的学习活动，使学生实现自我发展。课程后期，学生面临着难度更大的学习任务，需要进行高层次的认知建构和知识的应用创新。这对于学生而言挑战性很高，学生往往容易对学习产生消极的感知而无法顺利完成课程。综合展示类的学习活动，如个人创造、作品展览等能够激励学生以最终的展示为显性目标进行持续探索，梳理整合所学知识，并基于真实的问题情境产出有创新性的学习成果。这是混合式学习后期最为重要的策略之一，能够有效地发展学生问题解决能力。支持这一策略的典型的混合式学习活动有个人创作、作品展览、我的评论、思维导图等，具体描述见表 8-8。

表 8-8　典型学习活动——后期设计策略一

策略	典型活动	具体描述
综合展示与 自我发展	个人创作	学生根据要求设计一个产品（作品）或方案，既考虑现实的约束条件，同时也发挥自己的创造力
	作品展览	学生将设计的产品或方案以海报的方式呈现，上传至平台展示区或打印之后张贴在教室中进行展览
	我的评论	学生就某个问题或主题发表深度评论，综合先前所学的知识、技能综合分析问题
	思维导图	学生绘制本单元/课程的思维导图，对所学知识进行总结

2. 后期设计策略二：自我反思与评价

认知临场感是指学生在探究学习社区中能够实现意义建构的程度，在混合式学习课程后期应达到最高水平(Feng et al.，2017)。因此课程后期的第二个策略是通过设计评价类的学习活动创设认知临场感，使学生能够基于教师和同伴的评价反思自己所学的内容并总结学习经验，改进学习方法，提升学习能力。学生的自我反思是自我教育和发展的重要组成内容，研究表明反思与自信心的建立、高成就有明显的相关关系(Yamakoshi & Tsuchiya，2016)。此外，反思能在一定程度上缓解课程后期高难度的学习任务所带来的压力、焦虑和挫败感等(Jones et al.，2006；Grant et al.，2002；(Takano & Tanno，2009)，从而使学生保持积极正向的学习态度。课程后期需要对学生的学习效果进行评价，教师在设计评价活动时应当注意评价主体、评价标准和评价工具的多元化，从不同角度发现学生的学习成果和成长发展。基于这一策略，在混合式学习后期可以设计的典型活动包括学习核对单、学习反思、自我评价、同学互评、测试等，具体描述见表8-9。

表8-9　典型学习活动——后期设计策略二

策略	典型活动	具体描述
自我反思与评价	核对单	学生每周填写核对单，核查自己本周学习任务的完成情况，并分析原因，总结成功经验
	学习反思	教师要求学生在学习完课程后形成一份学习小结，学生之间交流收获、学习方法与策略
	自我评价	学生从学习准备、学习过程、学习结果等方面综合评价个人表现，并与同伴分享个人成功与失败的经验
	同学互评	从贡献度、参与度等方面，小组成员之间相互评价，并指出其他成员值得学习的一面，也要指出有待改进的地方
	测试	教师设计课程相关的测试题，学生参与课程总测试，判断个人对课程内容的掌握

四、小结

由于混合式学习的实践对微观活动设计策略的需求越来越强烈，因此科学系统的混合式学习活动的设计策略的提出就显得越发重要且紧迫。本节基于探究社区模型和混合式教学动态支架模型提出了课程不同时期混合式学习活动的典型的支架设计策略。

案例 8.1

"段落写作"混合式学习活动的支架设计

印度尼西亚大学于2018年开设的"段落写作"的英语教育课程很好地体现了混合式

学习活动的支架设计策略(Muhtia et al.，2018)，如表8-10所示。在该课程中，教师在线上平台和面对面课堂中都设计了相应活动以支持学生进行高层次的认知活动。在课程初期，教师提供了课程大纲使学生了解课程，并对教师产生信任。在面对面讲授中，教师选择了"定义""因果关系"等五种写作中常见且典型的段落进行讲解，从而促进学生在课堂上交流讨论写作的经验并能够向教师提出问题。教师总结归纳学生的讨论并回答相应的问题。此外，在每周的段落主题下，教师都设计了相应的线上写作任务，在学生提交作业后，教师会给予及时的反馈包括赞扬和修改建议等。平台上会展出已提交的所有写作成果，鼓励学生之间开展互评，促进学生之间互相交流学习。

表 8-10 "段落写作"课程活动——策略对应表

活动	支架设计策略
活动 1：阅读课程信息	了解课程，信任老师
活动 2：提出实践中的问题	激发学习动机
活动 3：展示案例	引导学生有效学习
活动 4：头脑风暴	促进个人及小组知识建构
活动 5：表扬及建议	激励学生持续参与
活动 6：展示及互评	综合展示与自我发展；自我反思与评价

【问题思考】

(1)基于混合式学习活动的不同阶段的支架设计策略，思考为什么该门课程能够获得好的教学效果？

(2)深入分析课程活动的支架设计，尝试修改其中的学习活动，从而进一步优化该门课程的混合式教学设计。

在课程初期，教师应当着重搭建社会临场感的支架，应用小组建设等使学生尽快适应新的学习环境，初步建立起学习共同体。在课程中期，教师创设足够的教学临场感，通过经验分享、观点对比等学习互动为学生提供及时的系统的引导，支持其在课程中期的高强度的知识内化与整合。在课程后期，教师通过设计自我评价、反思和案例分析等活动创设较高水平的认知临场感，使学生能够很好地实现知识的建构、应用和创新。

希望通过学习这一节，对你理解掌握混合式学习中教师的学习活动设计策略有一定的帮助。

Tips

项目式学习活动 8：混合式学习设计

　　通过前几章的项目学习活动，相信你已经和小组成员共同完成了特定主题的学习目标设计和学习体验设计，这是本次学习活动的基础。请你充分阅读教材并参考教材中提供的案例，请你与同学组成学习小组，建议 3～5 人一组。与小组成员探讨基于本小组混合式学习设计的选题和学习目标应当如何设计课程不同阶段的混合式学习活动。希望本章混合式学习活动的支架设计策略能够为你提供一定的指导。

名家语录或其他提示

　　教育中要防止两种不同的倾向：一种是将教与学的界限完全泯除，否定了教师主导作用的错误倾向；另一种是只管教，不问学生兴趣，不注重学生所提出问题的错误倾向。前一种倾向必然是无计划，随着生活打滚；后一种倾向必然把学生灌输成烧鸭。

——陶行知

　　求知欲，好奇心——这是人的永恒的，不可改变的特性。哪里没有求知欲，哪里便没有学校。

——苏霍姆林斯基

第三节
混合式学习支持的支架设计策略

本节学习目标

　　1. 简述混合式课程不同时期的学习支持的支架设计策略。

　　2. 了解如何设计混合式学习的支持支架。

　　第二节内容对混合式课程不同时期的学习活动的支架设计策略进行了阐述，但更多的是在教学实施前的预先设计。对于混合式学习过程中学生可能遇到的困难，教师需要提供动态化的学习支持服务。这一节我们将关注混合式学习支持的支架设计策略，通过示例了解不同的学习支持的支架设计策略在混合式教学初期、中期和后期的应用。

一、课程初期学习支持的支架设计策略

在课程初期，由于教师在前期设计学习活动时对学生的了解有限，学生在实际完成任务时会出现较多问题，亟须教师提供学习支持的支架帮助学生适应新的学习环境。课程初期，学习支持的支架设计主要分为社会临场感的支架设计策略和教学临场感的支架设计策略。

（一）社会临场感的支架设计策略

课程初期，社会临场感的支架设计策略包含群体凝聚力支架的设计、促进开放交流支架的设计、情感表达支架的设计以及促进环境适应支架的设计。

1. 群体凝聚力支架的设计

课程初期的设计目的在于增强学生对课程班级的归属感使其更加投入地参与课程，支架设计策略主要有及时反馈、联络朋友圈等。学生最初进入课程时往往容易感到孤单和游离，对课程的投入度不高，此时教师应当及时对学生的发言进行反馈，并有意识地加强学生之间的联系，形成"朋友圈"。

> **Tips**
>
> "朋友圈"可以通过多种关系形成。最为常见的"朋友圈"就是地域，来自同一家乡的学生总是会更快地对彼此形成亲切感。此外，读书、看电影、听音乐同样的兴趣爱好也可以成为"朋友圈"形成的契机。除了浅层的共同点之外，还可以通过学习风格、人格特质等量表测量学生的深层特点，从而促进学生对彼此有更深的了解，增强群体凝聚力。

2. 促进开放交流支架的设计

如何让学生愿意充分地表达自己的观点在课程初期十分重要，对中后期的混合式教学有很大的影响。教师应当提供及时的学习支持服务营造自由的交流环境，从而促进学生的深度参与和广泛参与（张丽霞 & 郭秀敏，2012）。学习支持的支架策略包括鼓励、呈现课堂外的生活细节等（Hew & Cheung，2008；冯晓英，2012）。鼓励不仅表现在教师对学生的鼓励、赞许，也表现在学生对彼此观点的赞同以及对他人学习成果的肯定。呈现课外的生活细节有多种方式，如讨论天气、分享日常教学中有趣的片段等，能够使学习气氛更加轻松活跃。

3. 情感表达支架的设计

情感表达支架的设计旨在营造活跃、友好的学习氛围，其典型设计策略主要体现在师生交流和生生交流中，包括打招呼、言谈幽默以及使用表达感受的用语、网络流行用语、表情等(Feng et al.，2017)。打招呼主要体现在教师和学生在交流过程中尽可能多地称呼对方的名字。在语言表达方面，教师应当提出明确的语言表达要求并做好示范。例如，多使用开心、敬佩、期待等用语和笑脸、努力、加油等表情表达感情和情绪。此外，在交流时教师还可以使用网络流行用语或展现出适当的幽默，从而提高自身的亲和力。

4. 促进环境适应支架的设计

混合式的学习方式对学生的信息技术素养提出了一定的要求，当学生自身的能力不足时，教师应当及时提供学习支持，从而避免学生因为技术环境适应不良而导致的辍学或投入度低等情况(Berge，1995)。课程初期的典型设计策略主要是及时回答学生关于技术方面的疑问(李逢庆，2016；Feng et al.，2017)。及时回答疑问的前提是发现学生的疑问，有时学生可能不好意思直接向教师求助技术方面的问题，这时教师就需要密切观察学生的行为，找出隐藏的"问题学生"。下面我们通过一个例子来分析一下促进环境适应的支架策略在混合式学习中的应用。

案例 8.2

促进环境适应的支架设计示例

在课程初期，教师在任务区发布学习任务，要求所有同学录一段自我介绍的小视频上传到论坛，但学生 A 并没有按时完成任务。教师基于对这名学生已有的了解，在进一步浏览学生 A 的学习行为数据之后，发现这名同学的学习投入度较高，在任务时间段内该学生多次登录平台查看任务，但却没有完成，因此分析他可能是遇到了技术操作的困难。教师单独问学生 A 后，得知他不会使用平台的视频功能，就可以有针对性地进行视频指导或给这位同学提供使用手册等一系列技术支持服务帮助他适应环境。

【问题思考】

在混合式学习课程中，还有哪些具体的场景需要设计搭建促进环境适应的支架？尝试举出 1~2 个实例，并与其他同学交流讨论。

(二) 教学临场感的支架设计策略

设计 & 组织的支架策略能够在课程初期创设较高水平的教学临场感，让学生建立起对教师的信任，从而提高学生的学习兴趣。

这一支架能够帮助学生尽快适应学习的节奏，并明确自我的学习目标。在课程初期，它的典型设计策略包括表达对学生的期望、教学活动的提醒(Hew & Cheung，2008；冯晓英，2012)。尽管教师在课程开始时会向学生介绍课程大纲及学习目标等信息，但往往只能给学生留下大致的印象，在教学过程中还需要进行强调。在交流过程中，教师应当更多地表达对学生的期望，从而增加学生在讨论交流中的参与度。

二、课程中期学习支持的支架设计策略

基于混合式学习课程中期的两大设计原则，不难看出学生在这一时期对学习支持的需求达到了一个顶峰。典型的支架设计策略主要有教学临场感的支架设计策略和认知临场感的支架设计策略两类。

（一）教学临场感的支架设计策略

在课程中期，学生之间的有效交互有赖于教师及时恰当的引导，因此教学临场感的支架显得尤其重要。教学临场感的支架设计策略包含设计 & 组织支架的设计、促进讨论支架的设计以及直接指导的设计。

1. 设计 & 组织支架的设计

这一支架的搭建能够让学生紧跟课程节奏，保持高参与和高投入。典型的设计策略有鼓励学生、表达对学生的期望、教学活动的提醒以及分工任务协调等（Hew & Cheung，2008）。在经历了课程初期的适应期之后，学生从最初的紧张兴奋逐渐归于平静，容易出现学习倦怠的情绪。因此教师在此时需多鼓励学生，并适当地表达对学生学习投入的期望，激发学生的学习动力，使他们能够持续参与课程的学习中。另外，课程中期，团队协作任务逐渐增多，在与他人进行合作的过程中，学生之间可能会出现矛盾，教师应当及时发现并协助他们进行分工协作。

2. 促进讨论支架的设计

在课程中期，这一支架的作用至关重要，是创设教学临场感的关键，决定了学生能否进行有效的、高质量的交互和协作学习。它的典型支架策略包括抛出话题引导思考、表扬学生、明确表达对学生观点的赞同或异议、肯定学生的个人贡献、鉴别讨论中意见一致或不一致的地方以及总结话题达成共识等（冯晓英，2012；冯晓英等，2019）。在学生讨论交互的过程中，教师需要观察学生的讨论状态并使用相应的设计策略。学生发表观点后，教师应当先肯定学生的个人贡献并明确表达对学生观点的态度，对榜样学生应提出表扬。当讨论出现分歧时，教师需要明确学生要表达的观点，并鉴别分歧点，通过引用、比较和归纳总结等，引导学生在话题讨论中达成共识。

3. 直接指导的设计

教师在教学过程中根据学生的问题和需求提供的有直接交互过程的学习支持都是直接指导。在课程中期，典型的支架设计策略包括新旧知识类比、提供课程学习的必要内容及其深层次意义等（Feng et al.，2017；冯晓英等，2019）。新旧知识类比不只是

活动设计的策略，当教学实施时学生产生了问题，教师也可以提供案例、经验等必要的学习内容对知识进行解释和扩展。此外，在学生进行讨论时，教师将学习任务与学习目标相联系、解释学习内容的深层次意义能够持续激发学生的学习动机。

案例 8.3

直接指导的支架设计示例

在进入课程中期后，教师给出一个提前调研的任务："混合式学习中前测是否是必要的？"以引导学生们进行思考。学生 C 对这一任务较为抗拒，认为其没有价值。因此教师可以将这一任务与学习目标进行联系，使学生认识到"了解混合式学习中前测的实施情况及进行前测的原因"是掌握混合式学习评价的重要组成部分，从而激发学生 C 完成任务的动机。经过调研后，学生们分享自己的观点。学生 A 认为"前测是测验在线教学效果的重要手段，是必要的"，学生 B 则表示"前测只是学习者分析的一种具体方式，并不是必要的"。教师对前两位同学的发言进行肯定，并引导学生思考："两位同学的观点都很好，从不同的角度回答了这一问题。事实上，决定前测是否必要取决于我们对它的定位和整体的学习设计……"引导学生们达成对这一问题的共识。

【问题思考】

在混合式学习课程中，还有哪些具体的场景需要教师为学生提供直接指导的支架？尝试举出 1～2 个实例，并与其他同学交流讨论。

（二）认知临场感的支架设计策略

随着课程内容难度的提升，教师在设计学习支持时也应当注意提高支架强度创设认知临场感，为学生完成学习任务提供充分的支持。认知临场感的设计策略分为触发事件的设计和促进探索支架的设计。

1. 触发事件的设计

这一支架旨在激发学生的学习兴趣和求知欲，从而作为他们深度学习的切入点。典型的支架策略主要有集中关注、提出实践中的问题等（Richardson & Ice，2010）。随着学生更多地参与，课程的生成性内容在逐步增加，触发事件的数量也在迅速提升。集中关注是指教师需要及时对课程中无关的触发事件进行剔除，使学生将有限的注意力投入到对更有价值的问题的思考上。有时仅靠学生之间的交流并不能提供符合学习目标的触发事件，因此教师应当联系实际提出问题引发学生思考。

2. 促进探索支架的设计

这一支架的典型设计策略主要有指出分歧、提供建议等。在学生讨论话题的过程中，教师应当指出分歧并引导学生进一步探索分歧存在的原因。提供建议包括对学生的探索方向、内容以及协作模式等方面提出建议，从而使学生的协作探索更高效。促进探索支架在课程中期的强度最高，能够帮助学生逐渐开始进行知识的内化和建构。

三、课程后期学习支持的支架设计策略

混合式学习课程后期的学习任务难度较大，但此时教师应当尽可能减少直接干预，而是让学生自主应用知识进行问题解决和创新。基于混合式学习后期的两条设计原则，典型的学习支持的支架策略主要是认知临场感的设计策略，包括促进探索支架的设计和问题解决支架的设计。

1. 促进探索支架的设计

复杂问题的解决要求学生对问题进行深入的探索，促进探索的支架必不可少。它的典型设计策略主要有指出分歧、鼓励学生等（冯晓英，2012）。学生进行探索的过程中，教师应当指出分歧，挑起学生的认知冲突，从而激发其探索欲。课程后期的探索对学生而言十分"烧脑"，认知负荷较高，因此容易使学生产生畏难情绪，从而无法完成学习任务。教师的肯定和鼓励能够给学生信心，使他们有持续探索的动力。

案例 8.4

促进探索的支架设计示例

在课程后期方案提交与修改环节，教师查看各小组提交的第二版课程设计方案时，发现有一个小组并没有基于教师评价的意见进行修改，即第二版和第一版几乎一样。通过与该小组同学进行交流并仔细分析了他们的第一版课程设计方案，教师发现该小组的第一版方案有诸多问题，修改的难度较大，学生可能出现了畏难的情绪。这时教师就应当及时对这组同学进行鼓励："A 小组同学，老师发现你们的第二版方案改动不大，是遇到什么困难了吗？老师记得上一届的 B 小组几乎是把最初的方案完全推翻，最终还获得了'最佳方案'呢！现在距离最终的提交还有时间，老师相信你们一定可以完成一份很棒的课程设计方案！"从而为学生的持续探索提供信心和动力。

【问题思考】

在混合式学习课程中，还有哪些具体的场景需要教师设计促进探索的支架？尝试举出 1～2 个实例，并与其他同学交流讨论。

2. 问题解决支架的设计

问题解决支架对学生最终的学习效果有着直接的影响，典型的支架策略有场外辅助、鼓励以问题解决为中心的讨论等。相较课程中期，教师在课程后期应当尽可能减少对学生的直接指导，让学生自主领导讨论、处在讨论的主体位置。因此，教师可以

在小组内发现讨论的引领者，告知引领者讨论的策略等，从而在保证学生自主性的同时间接地辅助学生克服困难。此外，鼓励以问题解决为中心的讨论也是课程后期创设教学临场感的重要设计策略，能够提高学生的成果产出效率。

四、小结

本节基于两大理论模型对课程不同时期混合式学习支持的典型支架策略进行了分析和阐述。在混合式课程初期，教师可以通过打招呼、展示适当的幽默和及时解答学生的技术问题等方式创设较高水平的社会临场感，营造良好的学习氛围。课程中期，则需要提高教学临场感的支架强度，抛出话题，引导学生思考、肯定学生的贡献、新旧知识类比等支架都能够为学生在这一阶段的学习提供支持。问题解决是混合式学习后期的主旋律，在保证学生主体地位的前提下，教师采用指出分歧、场外辅助等支架策略能够为学生提供知识建构应用的必要支持。

> **项目式学习活动 9：混合式学习支持支架设计**
> 　　在混合式学习设计中，学习支持能够为学生提供及时的反馈与指导，使学生获得良好的学习体验，并最终达成学习目标。请你与小组成员充分利用本节所学知识，通过交流讨论、任务协作完成小组项目的混合式学习支持支架设计。需要注意的是学习支持与学习活动的关系较为紧密，前者的支架设计应当充分考虑已经设计好的学习活动。

名家语录或其他提示

善于鼓舞学生，是教育中最宝贵的经验。

——苏霍姆林斯基

🔍 学习活动建议

本章的学习重点：结合文献认识学习支架的概念，理解不同课程阶段学习支架的设计原则；掌握混合式课程中不同阶段的学习活动应当如何设计支架；掌握混合式课程中不同阶段的学习活动应当如何设计支架。

建议学生利用网络等各种途径检索文献资源和案例资源，并积极思考、联系实践，理解学习支架及其设计原则，在小组的混合式学习设计项目中尝试应用设计策略搭建学习活动和学习支持的支架，深化理解。

本章小结

　　"互联网＋"时代的来临以及社会对高素质人才日益迫切的需求促使教育领域不断突破现状、寻求新的发展。在当前"互联网＋教育"的时代背景下，混合式学习设计更加关注学生视角，能够提高学生的学习效率，并为个性化学习提供支持(黄荣怀等，2016；Huang，Lin & Huang，2012)，旨在通过技术、教学方式等方面的融合为学生设计一种真正高度参与的、个性化的学习体验(冯晓英等，2019；Smith，2014)，为学生创造一个支持性的学习环境(Miyazoe & Anderson，2010)。

　　学习支架的设计是混合式学习设计的关键之一，直接影响着学生的学习体验(冯晓英等，2019)。因此，混合式学习的学习支架设计成为教育研究者和实践者的关注重点。

　　本章以探究社区模型和混合式教学动态支架模型为教法学理论框架，剖析了课程不同时期混合式学习活动设计的原则，总结梳理了一系列对应不同原则的活动设计策略，并以"混合式教学"的教师培训为例提供混合式学习支架的设计示例。希望同学们在学习本章之后能够了解学习支架是什么，并初步掌握混合式学习的支架设计策略。

总结 >

关键术语

学习支架设计　Learning Scaffold Design
学习活动　Learning Activity
学习支持　Learning Support

应用 >

批判性思考

　　混合式学习课程不同时期的学习支架设计原则有所不同，请进一步思考针对不同人群(中小学生、工作人士、退休老人等)的混合式课程中，学习支架设计原则又有怎样的差异呢？

体验练习

一、判断题

1. 学习支架(也称教学支架)是建构主义学习理论指导下的经典教学策略，源于维果茨基提出的最近发展区理论。

2. 混合式学习课程后期，学习任务难度较大，因此教师需要创设较高强度的教学临场感辅助学生达成学习目标。

3. 混合式学习课程初期，社会临场感最为重要，能够营造开放轻松的学习氛围，帮助学生适应环境。

二、简答题

1. 请说出至少三个混合式学习课程初期学习活动的支架设计策略。

2. 请说出至少三个混合式学习课程中期学习支持的支架设计策略。

案例研究

案例一：课程初期的学习支架设计的典型案例

在鞍山广播电视大学设计的"西方经济学"中，教师在课程初期创设了较高水平的社会临场感和教学临场感。在课程开始前，教师运用微信、QQ等即时通信软件告知学生课程的基本情况、具体教学活动的日程以及平台的使用步骤等技术问题，帮助学生快速地适应新的学习环境，并建立学生对教师和课程的信任感。教师应用了小组建设的一系列策略，包括确定小组成员、合作构思小组名称及学习口号等活动辅助学生初步建立起学习共同体。在该案例中，教师通过鼓励学生、制定在线讨论的基本规则促进学生开放交流，营造轻松自由的交流范围。情感表达支架在本案例中主要体现在教师主动与学生打招呼、鼓励学生使用表达感受的用语等。在讲解"稀缺性"这一概念时，教师通过联系生活中的细节、举例等支架策略帮助学生理解"稀缺性"，并进一步引出资源利用问题。此外，教师设计了组内评选活动，促使学生对他人和自己的表现进行评价和反思。

案例二：课程中期的学习支架设计的典型案例

在曲阜师范大学开设的"教育电声系统"课程中，同样能够看出教师在课程中期通过应用典型的支架设计策略创设了较高水平的教学临场感。在本案例中，教师与学生的交流主要通过面对面交流、论坛、博客三种方式。在面对面交流中，教师根据不同的学习主题提出讨论的话题引导学生交流。通过在论坛中发送主题帖，教师明确表达了对学生的期望，并向学生展示了案例，如往届学生的优秀案例以及其他电声作品的示例等，使学生能够明确学习要点并利用较少时间获得可靠的、有价值的信息，提高学生的学习效率。此外，在教学过程中，教师利用小组协作的电子学档持续跟进学生的学习过程，并通过博客与学生进行及时交流，指导学生根据目标确定学习的要点，向学生提供相应的建议，有效促进学生学习任务的完成。

案例三：课程后期的学习支架设计的典型案例

Hadjerrouit（2008）在 2006 年开设了面向大一学生的入门级 Java 编程课。该课程为期 15 周，分为三个阶段，包括概念化阶段、建构阶段和对话阶段。课程后期主要是建构阶段和对话阶段，对前期概念化阶段习得的知识进行应用迁移。教师在课程中会提供教材中的专家代码案例供学生参考，从而解决相似的编程问题。此外，学生需要针对一个问题想出多种编程方案进行比较和评价，以选出最优方案。在课程后期，学生向其他同学展示自己的程序并就程序的情境迁移性展开交流。除了教师对学生程序进行评价反馈，学生在和他人交流之后也需要对自己的程序进行自我反思和评价，从而更好地进行知识建构。

第九章

混合式学习的技术工具

本章概述

　　本章的学习目的在于让同学们了解混合式学习的技术工具，能够根据混合式学习模式和学习活动的需要选择恰当的平台和技术工具支持。本章共包括 7 节内容。第一节介绍混合式学习环境中技术工具选择的原则。第二节介绍混合式学习平台的选择。第三节介绍支持教师讲授与资源学习的技术工具。第四节介绍支持教学组织与管理的技术工具。第五节介绍支持师生互动的技术工具。第六节介绍支持生生互动的技术工具。第七节介绍支持学习评价与反馈的技术工具。

内容导图

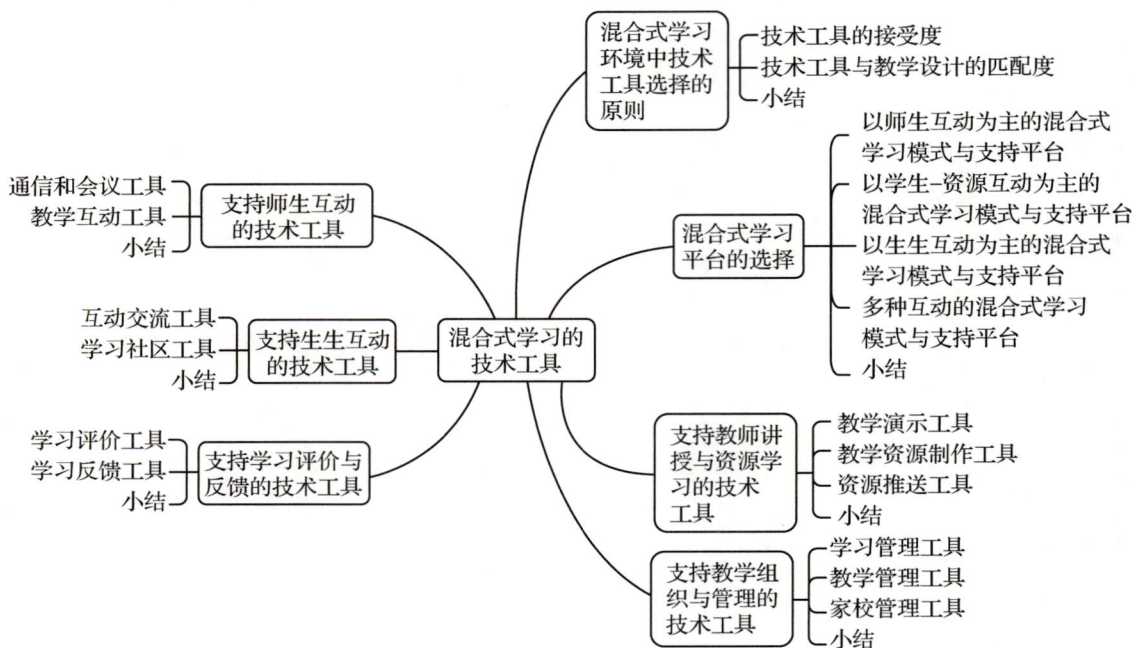

内容导图

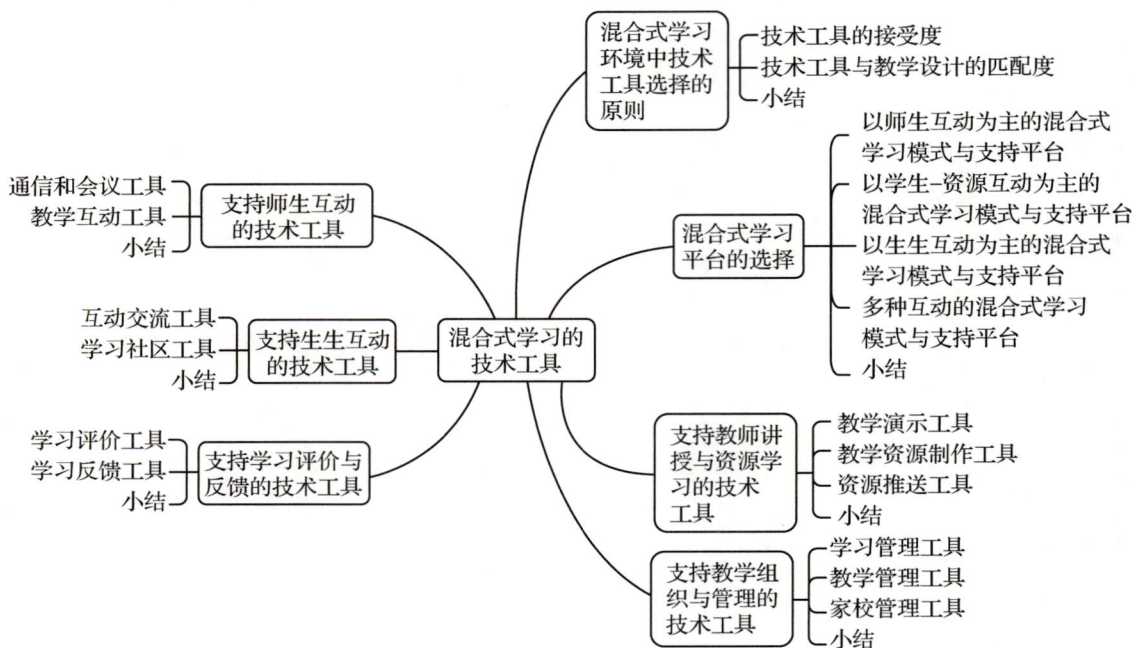

混合式学习环境中技术工具选择的原则 —— 技术工具的接受度 / 技术工具与教学设计的匹配度 / 小结

混合式学习平台的选择 —— 以师生互动为主的混合式学习模式与支持平台 / 以学生-资源互动为主的混合式学习模式与支持平台 / 以生生互动为主的混合式学习模式与支持平台 / 多种互动的混合式学习模式与支持平台 / 小结

支持师生互动的技术工具 —— 通信和会议工具 / 教学互动工具 / 小结

支持生生互动的技术工具 —— 互动交流工具 / 学习社区工具 / 小结

支持学习评价与反馈的技术工具 —— 学习评价工具 / 学习反馈工具 / 小结

混合式学习的技术工具（中心）

支持教师讲授与资源学习的技术工具 —— 教学演示工具 / 教学资源制作工具 / 资源推送工具 / 小结

支持教学组织与管理的技术工具 —— 学习管理工具 / 教学管理工具 / 家校管理工具 / 小结

学习目标

1. 简述混合式学习环境中技术工具选择的原则。

2. 简述混合式学习平台的选择。

3. 概述支持教师讲授与资源学习的技术工具。

4. 概述支持教学组织与管理的技术工具。

5. 概述支持师生互动的技术工具。

6. 概述支持生生互动的技术工具。

7. 概述支持学习评价与反馈的技术工具。

读前反思

第九章内容我们将要了解混合式学习的技术工具，对混合式学习环境中技术工具的选择、混合式学习平台的选择，以及支持不同学习活动的技术工具有进一步的了解。在学习本章之前，请你想一想：

1. 面对各种类型的混合式学习工具，应如何做出选择？

2. 不同类型的混合式学习平台有哪些？应如何选择？

3. 支持混合式学习的技术工具有哪些？分别有哪些功能？

4. 如何利用混合式学习平台的功能和技术工具优化你的学习设计？

　　随着技术日新月异的变化，技术工具的不断发展给传统课堂注入了新的活力。张老师是某市重点小学的语文老师，她的课堂生动有趣，但是最近她在尝试新的混合式学习设计上遇到了问题。技术工具繁多，到底应该怎样选择最有效的技术工具优化课堂教学呢？学生对于技术的掌握度不够，总是耽误教学进度，达不到技术优化教学的目的，应该如何处理呢？

　　本章重点关注混合式学习环境中技术工具选择的原则、混合式学习平台的选择以及支持不同学习活动技术工具的选择，希望同学们学习过这章内容以后，能够了解混合式环境下技术工具的选择，选择恰当的技术工具优化学习设计。

第一节
混合式学习环境中技术工具选择的原则

本节学习目标

　　1. 简述技术工具选择的原则。

　　2. 概述技术工具选择以下原则的原因。

　　通过第八章的学习，我们对混合式学习环境下学习支架的设计以及支架设计的策略有了初步了解。随着"互联网＋教育"的不断发展，各类技术工具层出不穷，大量新工具的出现让我们比以往任何时候都更容易进行协作，如何选择合适的技术工具成为广大教学研究者和教育实践者重点关注的问题。混合式学习环境中的技术工具指的是在混合式学习环境下所应用的有关数据与信息的应用技术。这节内容，我们就一起来了解一下在混合式学习环境中技术选择的原则。

一、技术工具的接受度

　　理性行为理论强调行为意向可以预测行为，同时行为意向受行为态度和主观规则的影响。戴维斯(Davis)基于理性行为理论最早提出了技术接受模型，找到了用户对在线系统接受度与其行为态度之间的关系(Davis，1989)。在技术接受模型中，行为态度指个人对采取某项行为而产生的情感，而主观规则指行为者周围人对其采取某项行为的期望。以上两个潜在变量可以预测用户的态度，判断其行为，进而影响对于技术的实际使用。Davis 认为技术接受模型中的感知有用性和感知易用性对用户技术接受将起到决定作用，可以在一定程度上预测用户的行为意向，进而影响用户使用技术的行为。

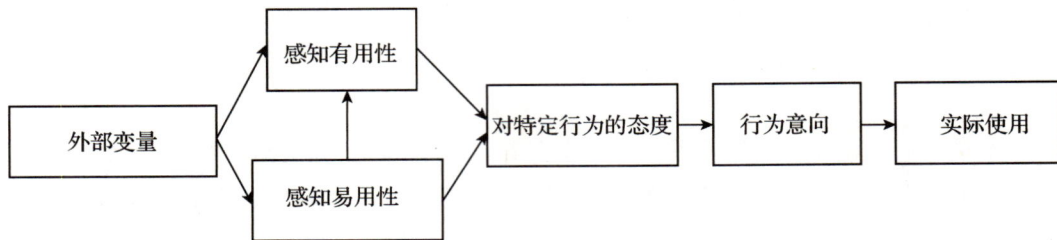

图 9-1　技术接受模型示意图

　　如图 9-1 所示，呈现了技术接受模型的示意图。感知有用性和感知易用性受外部变量的影响，对个体的行为态度造成影响，行为态度造成个体行为意向的变化，进而影响对技术的实际使用。其中变量中的感知有用性指的是用户感知技术帮助自身的可能性，感知易用性指的是感知技术的简易程度。在混合式学习环境中，必须充分考虑师生双方对技术工具的接受度，学习环境的界面设计对学生的使用意向有重要影响。因此，教学研究者和教育实践者不能对技术有盲目崇拜的心理，在应用技术到学习环境中之前，需要对技术的有用性和易用性进行评测，同时确保适应学生年龄段的需求，从而使其能有效优化教学。

二、技术工具与教学设计的匹配度

　　技术工具并无好坏之分，因此技术工具的选择取决于与教学设计的匹配度。有效利用技术工具使学生主动学习，才是我们选择技术工具的最终目的。但是，缺乏互动和学生参与的课堂，学习效果会较差。教师可能会发现，学生往往会忘记 5 分钟之前讲授的学习概念，因为缺乏互动使他们在学习中变得被动。有研究者（Abdullah，Bakar & Mahbob，2012；Bonwell & Eison，1991）指出课堂参与和学生积极性的重要性，要实现学生的主动学习，整个学习活动必须是迭代的、对话和协作的，并且需要有针对性和精心的设计（European University Association，2019）。学生在课程中从事阅读、写作、讨论或解决问题的活动时，他们不是坐在教室听教师讲课，而是通过寻找和接收信息来学习更多知识。这可以帮助他们获得更多的高级技能，如从记住和理解的基本认知知识水平技能到应用、分析、评价和创建等高级技能（Anderson&Krathwohl，2001）。而在课程中采用技术工具以促进教学可以带来更好的课程互动，因此我们在选择技术工具时，不仅要考虑到与学习设计的匹配度，也要考虑到尽可能地利用技术工具的优势提供更多互动和参与式的学习体验，吸引学生进行深度学习和有意义学习。

下面我们通过一个案例具体感受一下混合式学习环境下的创新技术工具。

案例 9.1

Blendspace 六种用法，助力你的课堂教学

现在许多教师都会在课堂上运用各种线上资源，如文档、课件、视频、网页等，而 Blendspace 的出现，刚好可以帮助教师进行电子资源的整理和在线演示。教师只需要登录 Blendspace 的网站，将课程相关的资源拖动到 Blendspace 的"教案画布"中，就可以进行在线演示，并将本课程的资源分享给学生和其他教师。借助于 Blendspace，教师可以实现课件内容的整理、学生的互动参与和学习效果的检测。

Blendspace 如此简单便捷，在课堂教学中如何使用呢？在这里，给大家分享 6 种使用方法。

Tip1：课前预习有良策

课前，教师可以上传视频、图片、文本等多种格式的课程资源，制成"教案画布"，通过添加班级，生成班级验证码，或者将网站链接分享给学生。学生登录平台可以实现对课前内容的预习。

Tip2：问题收集更方便

借助于 Blendspace 平台，学生可以在其中添加笔记，将学习过程中存在的问题表达出来。

Tip3：课堂测验小工具

在 Blendspace 平台中，教师可以发布小测验，即时检测学生对基本知识的掌握程度，清楚地看到学生的回答情况，实现有针对性的辅导。

Tip4：教学互动小锦囊

对于 Blendspace 中的课程资源，学生可以进行匿名表达（喜欢/不喜欢），帮助教师改进教学设计；在交流区内，学生可以对内容评论，交流想法。

Tip5：协作学习有妙招

学生将收集到的项目资料上传到平台，通过添加协作者名称或分享链接，就可以实现即时修改编辑，并进行课堂演示。

158

Tip6：课后复习不再愁

学生可以在课后阅读、复习画布中的材料，也可以从课程图书馆中查看他人设计的课程内容进行学习。

【问题思考】

(1)根据混合式学习环境中技术工具的选择原则，尝试分析说明以上工具为什么深受教师的喜爱，有哪些优势值得选择？

(2)思考如何进一步优化该技术工具？

三、小结

混合式学习环境中的技术工具指的是在混合式学习环境下所应用的有关数据与信息的应用技术。在混合式学习环境下技术工具的选择需要结合学习设计本身的需求，选择最适切的工具。选择的原则为两点：一是用户（教师和学生）对技术工具本身的接受度；二是技术工具与学习设计本身的匹配度。在充分考虑技术的简易程度和用户对于工具的接受度以后，结合学习设计本身的需求，才能选择到最适合的技术工具。

名家语录或其他提示

当我看到人们在分享技术赋予我们合作和共享的方式以及资源的质量的新力量时，我认为这是在改变一切。

——丁尼

第二节
混合式学习平台的选择

本节学习目标

1. 简述混合式学习平台的分类。

2. 概述混合式学习平台分类下典型的技术平台和主要功能。

随着 Web 2.0 时代的到来，技术的更新迭代也使各类混合式学习平台如雨后春笋般层出不穷。按照互动方式的区别，本节将混合式学习平台分为四大类，分别是以师生互动为主的混合式学习模式与支持平台，以学生－资源互动为主的混合式学习模式与支持平台，以生生互动为主的混合式学习模式与支持平台以及多种互动的混合式学习模式与支持平台，并介绍了不同类型混合式学习平台的定义、优缺点、典型平台以及选择方式。希望通过对本节内容的学习，同学们能对混合式学习平台的选择有进一步的了解。

一、以师生互动为主的混合式学习模式与支持平台

过去的相关研究表明，面对面学习是教育实践者的首选，因为它比在线学习更加有效，这主要是由于通过网络实现的教与学之间的互动是有限的（Abrami et al.，2011；Brenton，2015）。这种有限的交流的例子包括教师与学生之间的单向互动，其中学生可以看到教师，但教师看不到学生，而学生也不能彼此见面。近年来，有研究表明同步在线学习的先进技术可以缩小甚至弥补在线学习与面对面学习之间的差距（Redpath，2012；Weiser，Blau & Eshet-Alkalai，2016）。

以师生互动为主的混合式学习模式以同步在线教学（直播教学）为主要表现形式，重点关注学生与教师之间的互动。同步在线教学是指教师和学生在不同空间，利用互联网等信息技术开展的同时间、同步调、同进度的教与学活动（谢幼如等，2020）。一般来说，实施同步在线教学需要教师和学生利用直播工具或视频会议工具开展交流、展示和讨论等教学活动，具有即时性、实施难度低、学习成本低等特点。这种教学形式以讲授为主，打破时空限制，交互性更强，能实现对学生的实时监控和情感交流（表情、动作）。

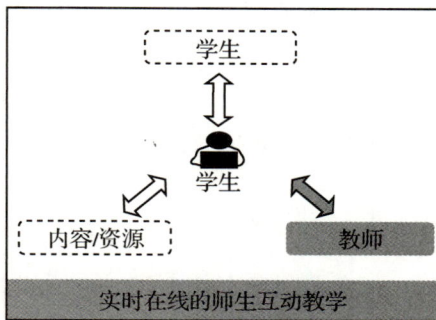

图 9-2　以师生互动为主的混合式学习模式

比较典型的平台有腾讯会议、Zoom、钉钉、ClassIn 等。以 Zoom 为例，Zoom 是用于双向视频会议的创新平台，它使学生和教师能够进行自发的（视觉和言语）的学习互动（Weiser et al.，2016），为用户提供移动化、云端化视频协作体验，将移动协作系统、多方云视频交互系统、在线会议系统三者进行无缝融合，为用户打造出便捷

易用的一站式交互视频技术服务平台。在众多同步在线教学平台中，如何选择适合的平台呢？第一，同步在线教学平台分为两类，包括直播系统和视频会议系统，根据需求选择平台；第二，重视平台的双向交互性，选择多路音视频支持的平台；第三，注意平台支持的课件格式，如 PPT 动画、视频播放等；第四，注意平台是否具有交互式电子白板功能；第五，关注平台的教学辅助功能，如自动点名、抢答、小组讨论等。

二、以学生－资源互动为主的混合式学习模式与支持平台

以学生－资源互动为主的混合式学习模式因能够容纳大量学生而日益受到高等教育界的关注，它支持异步在线学习，但由于异步在线学习的教与学时空分离的特性，学生经常反馈称难以维持在线课程的投入（Artino，2008）。虽然学生可以按照自己的进度自由地完成学习，但他们必须独立计划和管理自己的学习方式（Broadbent，2017），因此，在异步在线学习环境中，学生面临着新的挑战。例如，没有和教师之间的身体互动（Kozan，2016），以及对学生学习管理能力的高度要求。但异步在线学习的优势在于其空间和时间的灵活性，这使学生能够完善自己的作业，并随时反思学习内容，与时间无关的授课模式会使学习进度和学习策略不同的学生受益。

以学生－资源互动为主的混合式学习模式以资源为中心的异步在线教学为主要形式，重点关注学生与内容/资源之间的互动。异步在线学习被定义为一种与时间无关的沟通与反思的学习形式（Hrastinski，2008），指师生在分离的教学时空下，利用在线学习平台、视频播放工具开展的教与学活动。学生可以通过学习平台查看教师提供的视频、文字形式的学习资源，进行互动交流、学习测验、习题提交的学习活动。教师也可通过学习平台发布学习资源，设置学习活动等。这种学习模式时间灵活，可自定义学习步调，如反复学习等，也更加注重学生的自主学习能力。

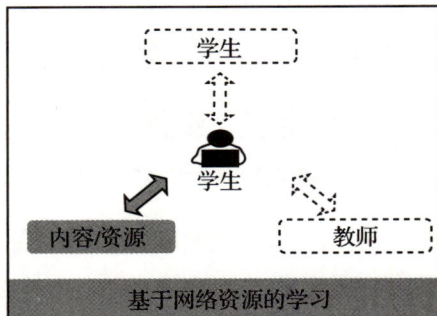

图 9-3　以学生－资源互动为主的混合式学习模式

比较典型的平台有各类 MOOC(Massive Open Online Course)平台、腾讯课堂等。以中国大学 MOOC 为例，向大众提供中国知名高校的 MOOC 课程，包括观看视频、参与讨论、提交作业、穿插课程的提问和终极考试等多个学习环节，具有类似线下课程的作业评估体系和考核方式，以及广泛认可的证书支持。那在众多以资源为中心的教学平台中，如何选择合适的平台呢？第一，要注重视频资源的呈现方式，尽可能地有体系和结构化；第二，具备资源的搜索和推荐功能；第三，注重辅助交互功能，如视频中的交互、讨论区；第四，关注平台的学习管理功能(学情分析)。

Tips

MOOCs 一词于 2008 年由乔治·西蒙斯和斯蒂芬·唐斯在马尼托巴大学开设的"connectivism and Connective knowledge"中提出。MOOCs 有三种分类，分别是以网络建构为主(cMOOC)，以任务完成为主(MOOC)和以内容传递为主的MOOC(XMooc)。

三、以生生互动为主的混合式学习模式与支持平台

自互联网问世以来，在线学习社区已出现在技术领域，随着 Web 2.0 的发展，其增长速度也在不断加快。在线学习社区的认知结构具备实践社区的属性，学习社区通过其社会认知结构的各个层次来支持学生的过渡，并从访客到外围参与者、中间参与者以及最终的中心参与者。在线学习社区的建立进一步促进了学生与学生之间的协作与交流。尽管在线学习社区具有潜在优势，但一些研究发现在线学习社区也面临着许多问题，如学生行为分布不均、互动少、学习连续性差等。

以生生互动为主的混合式学习模式以在线社区型课程为主要形式，重点关注学生与学生之间的双向互动。以生生互动为主的混合式学习模式指的是在教与学时空分离的教学情境下，强调学生共同体为核心来开展知识的生产与传播活动，在教学方法和学习设计中强调探究、解决问题、协作以及知识的联合建构，给予学生充分的自主性以进行学习活动。这种学习模式时间灵活，有利于促进学生深入思考和讨论，同时把学生的学习痕迹、交互与讨论过程都沉淀下来，有利于高阶目标的达成。

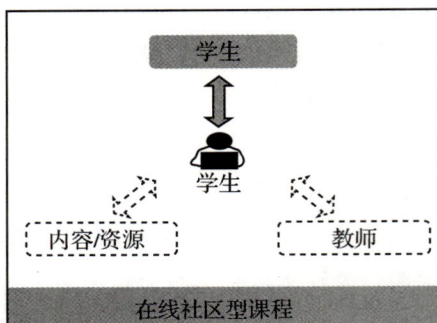

图9-4 以生生互动为主的混合式学习模式

比较典型的平台有学习元平台、知乎、企业微信、cMOOC平台等。以cMOOC为例，由北京师范大学陈丽教授主持、互联网智能技术与应用国家工程实验室团队共同开发的我国第一门cMOOC课程——"互联网＋教育：理论与实践的对话"，以联通主义学习理论为理论基础，采用分布式讨论、日报推送生成内容、线上线下交流相结合的学习方式，帮助所有参与者建立个人与典型创新企业、研究机构、关键人物、文献资源之间的连接，形成互联网教育领域的社会认知网络，并最终建构出包括研究者、企业创新实践者、管理人员在内的互联网教育领域的综合性高端研究社区。那么在众多以在线学习社区为核心的教学平台中，如何选择合适的平台呢？第一，首先要重视平台交互的便捷性；第二，平台需有具体功能支持小组协作和探究学习等；第三，平台具备对交互过程和学习结果的结构化组织与呈现功能。

> **Tips** 👆
>
> 随着终身学习的不断增长，在线学习社区已经成为学习的重要场所。不仅支持以学习为导向的交流，也允许学生建立联系并建立社会关系。在在线学习社区中，学生的沟通、互动和参与至关重要（Lock，2002），是社区发展的重要因素。

四、多种互动的混合式学习模式与支持平台

在线教学/在线课程经历了以资源为中心的在线教学到以活动为中心的在线教学，以活动为中心的在线教学强调学习活动和在线教学辅导的重要作用，学习活动设计关注目标、内容、交互、资源以及评价五个方面，关键在于以学习为导向、以学生为中心的全面设计。Web 2.0时代为多方向沟通和协作而设计提供了机会，多种互动的混

合式学习模式糅合了多种互动方式和协作学习模式，能把技术对学习设计的作用最大化。

多种互动的混合式学习模式以活动为中心，统领设计，关注学生与学生、教师、内容/资源的多向互动。多种互动的混合式学习模式是整合同步与异步在线教学，发挥实时与非实时的优势，混合多种学习活动形式的在线教学方式。师生综合运用在线学习平台、交互式多媒体课件、微课、电子书等教学资源，结合实时视频会议、异步在线互动等教学活动开展混合式学习。在以活动为中心的混合式学习模式下，同步在线教学的主要目的不是直播讲授，而是实现多种形式的教学互动，学习活动形式以协作学习、探究式学习为主，强调设计主题讨论、问题解决的教学环节。

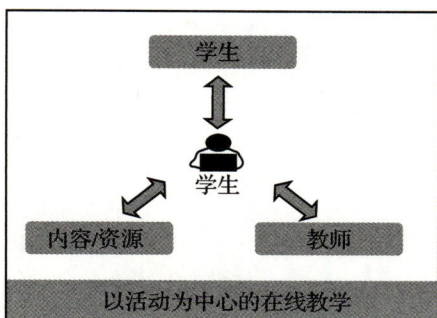

图 9-5　多种互动的混合式学习模式

比较典型的平台有 UMU 互动学习平台和 Moodle 平台等。以 UMU 互动平台为例，UMU 是全场景一站式教学工具，具备不同场景下的学习设计功能，支持不限人数的三分屏互动直播和多人视频会议，可使用图文、音视频轻松制作和萃取教学内容，同时具备多种形式的教学互动功能，能满足以活动为中心的混合式学习设计。那在多种互动的混合式学习平台中，如何选择合适的平台呢？第一，平台便于以活动为线索结构化呈现学习路径；第二，优选多功能整合性平台；第三，平台整合实时视频会议、异步在线互动、资源分享、作业、测验；第四，整合学情分析功能。

案例 9.2

UMU 互动平台多场景应用

UMU 互动平台是典型的以活动为中心的多种互动的混合式学习工具，可以实现多种教育场景下的应用。下面一起来了解一下有哪些应用场景。

表 9-1　UMU 互动平台应用场景

应用场景	具体功能
互动升级教育教学	1. 课堂电子签到 2. 教学知识测验 3. 课堂分享 4. 学生作品比拼与风采展示 5. 抽取学生随机发言 6. 优秀学生与教师评选 7. 教师活动组织 8. 教师学习与交流 9. 家长调查 10. 家长会中的应用
互动重塑新员工项目	1. 组建新员工学习组 2. 创建与共享课程剧本 3. 文章文档开展在线学习 4. 组织新员工考试 5. 新人分享区 6. 现场签到 7. 新颖的自我介绍 8. 高效提问与分享 9. 收集反馈与评估 10. 快速生成报告
让大会与沙龙更精彩	1. 创建一个活动 2. 活动在线报名 3. 在线费用收取 4. 入场热身 5. 现场签到 6. 现场提问与讨论分享现场趣味抽奖 7. 分享笔记与精彩瞬间 8. 反馈与评价
面授课程中的应用	1. 建立课程档案 2. 通过 UMU 进行互动组合 3. 学习内容巩固 4. 高效提问与分享 5. 便捷的拍照上墙 6. 在线防作弊签到 7. 轻量游戏与娱乐 8. 收集反馈与评估 9. 快速生成报告

续表

应用场景	具体功能
在线学习与培训	1. 建立课程档案 2. 通过 UMU 进行互动组合 3. 了解学生情况 4. 邀请学生表达与分享 5. 进行持续的在线解答
高效的组织会议	1. 创建一个会议活动 2. 会议调研 3. 匿名投票 4. 全员讨论 5. 拥有完整的会议互动记录

【问题思考】

（1）根据 UMU 互动平台应用场景，解释一下为什么它是以活动为中心的多种互动的混合式学习工具？

（2）多种互动模式的混合式学习平台有什么优势？

五、小结

本节内容按照互动方式的区别，将混合式学习平台分为四大类，分别是以师生互动为主的混合式学习模式与支持平台，以学生—资源互动为主的混合式学习模式与支持平台，以生生互动为主的混合式学习模式与支持平台以及多种互动的混合式学习模式与支持平台，并介绍了不同类型平台与学生、内容/资源、教师之间的关系，不同混合式学习平台的特点以及典型平台的功能特点，为混合式学习平台的选择提供了新的思路。

项目式学习活动 10：混合式学习平台设计

请你与同学组成学习小组，建议 3～5 人一组。请你根据自己小组所选的主题，结合教学设计的需求，利用本节所学知识，与你的小组成员一起协作、讨论，选择适当的混合式学习平台完成教学设计。

名家语录或其他提示

打开一切科学的钥匙都毫无异议地是问号；我们大部分的伟大发现都应归功于"如何"？而生活的智慧大概就在于逢事都问个"为什么"？

——巴尔扎克

第三节
支持教师讲授与资源学习的技术工具

本节学习目标

1. 简述支持教师讲授与资源学习的技术工具。
2. 概述有哪些代表性的技术工具。

支持教师讲授与资源学习的技术工具主要有教学演示工具、教学资源制作工具以及资源推送工具，主要以教师为用户主体，为教师提供简单便捷的技术工具，支持教学讲授与资源学习活动，优化课堂教学。

一、教学演示工具

教学演示工具指的是由教师向学生播放多媒体教学软件或视频的方式，创建教学情境或进行标准示范等，将抽象的教学内容用形象具体的形式表现出来，主要工具有教学投屏和学科工具等。

（一）教学投屏

教学投屏主要指通过工具实现移动终端和 PC 机的互联和交互，在 PC 机上能实现文件传输、触摸面板控制等功能，代表性的技术工具有袋鼠输入、希沃授课助手等。以袋鼠输入为例，旨在建立手机与电脑间新的连接和交互方式，是一款可使手机遥控电脑的泛输入类创新应用。它可以通过手机在电脑端实现语音、手写输入，也可以让手机变为免费无线鼠标、电脑视频遥控器、PPT 遥控器、游戏手柄。另外，手机屏幕也可代替电脑触摸板。

（二）学科工具

学科工具主要指辅助具体学科教学的技术工具，通过技术工具的功能，把抽象、难以实施的操作搬到课堂上，提高课堂效率，代表性的技术工具有几何画板、虚拟实验室等。以几何画板为例，它是一款作图和实现动画的辅助教学软件。用户可以根据教学需要编制出相关的图像和动画过程。他们只需要熟悉软件的简单的使用技巧即可自行设计和编写应用范例，从而实现其教学思想。

二、教学资源制作工具

教学资源是为教学的有效开展提供素材等各种可被利用的条件。教学资源制作工具指制作 PPT、微课、教材、教具等一系列教育资源的技术工具，通过制作工具，优化教学环境。

（一）微课制作

微课是指运用信息技术按照认知规律，呈现碎片化学习内容、过程及扩展素材的结构化数字资源。微课制作技术工具特指制作这一类资源的技术工具，代表性的技术工具有 Focusky、万彩动画大师等。以 Focusky 为例，它是一款动态化的微课制作软件，采用整体到局部的演示方式，以路线的呈现方式，模仿视频的转场特效，软件自带精美模板，具有打破常规的 3D 演示特效和思维导图式的体验。

（二）PPT 课件制作

PPT 课件是最典型的教学资源。教师主要通过这种形式实现教学内容的讲解和交互。PPT 课件制作工具指制作和美化演示文稿的一类技术工具，代表性的技术工具有 101 教育 PPT 课件制作功能、PPT 美化大师等。以 101 教育 PPT 课件制作功能为例，该技术工具为教师配备了教学资源库。教师只要选择所需备课的课程章节，就能立即获取到与之对应的备课课件及相关的教学资源。一键调用，节省备课时间，同时也能实现课件的云储存。

（三）教具制作

教具制作指的是用来讲解说明某事物的模型、实物、标本、仪器、图表等，包括教学设备、教学仪器、实训设备、教育装备、实验设备、教学标本、教学模型等。教具制作工具指制作教具的一类工具，代表性的技术工具有 101 教育 PPT、畅言云教具制作。以畅言云教具制作为例，它为教师提供了智能语音教具、教具视频资源和教具软件，可以实现多媒体教具、3D 教具和卡牌式等教具的制作。

（四）数字化教材制作

有别于传统教材，利用多媒体技术将传统纸质内容进行数字化处理，转化为适用于各类电子终端的互动性教材。数字化教材制作工具指制作这一类资源的工具，代表性的技术工具有蓝墨云班课的云教材、优学院等。以蓝墨云班课的云教材为例，移动交互式电子书的阅读学习终端应用，能够呈现丰富的多媒体、完美的阅读体验和良好的交互学习功能，帮助学生更加充分地感受交互式电子书带来的美好和精致体验。云教材还可以与 Moso Cloud 云服务完美结合，为学生提供笔记同步、笔记分享等云服务功能。

三、资源推送工具

资源推送指将经过整理的信息资源以视频、文字的形式迅速转发至用户的界面，实现用户的多层次需求，使得用户能够自己设定所需要的信息频道，并直接在用户端接收定制信息的实现方式。资源推送工具指完成资源推送的一系列工具。

(一)视频资源推送

视频资源推送是指把动态影像的学习资源实时送达到学生客户端的服务。视频资源推送工具特指推送这一类资源的技术工具，代表性的技术工具有 101 教育 PPT 微课资源、雷课堂微课资源。以雷课堂微课资源推送为例，教师发布微课后，可得到微课二维码，可将二维码或链接发给学生。或用微信扫描二维码，将扫描出来的页面分享给学生，学生通过点击链接或者扫描二维码，即可开始对微课的学习。教师也可添加对微课的语音、文字、图片的补充讲解。

(二)阅读资源推送

阅读资源推送是指把文字和图片的学习资源实时送达到学生客户端的服务。阅读资源推送工具特指推送这一类资源的技术工具，代表性的技术工具有微信公众平台、微软听听文档。以微软听听文档为例，它是一款语音文档创作小程序，支持为 Word、PPT、PDF、Excel、图片、公众号文章等多种类型的文档添加语音，可将只有文字和图片的文档变成一个"会说话"的语音文档。

(三)作业推送

作业推送是指把练习的学习资源实时送达到学生客户端的服务。作业推送工具特指推送这一类资源的技术工具，代表性的技术工具有一起作业、雨课堂多形式作业推送。以一起作业为例，它具备基于互联网的在线作业和专项练习等系统的学习功能。教师可一键布置和检查全班作业，个性化组卷，把多形式的作业内容推送给学生。

四、小结

本节内容将教师讲授与资源学习的技术工具分为教学演示工具、教学资源制作工具以及资源推送工具，并介绍了不同类型下的子分类、典型的技术工具以及功能，对于教师讲授与资源学习的技术工具做了详细归类，对学生选择这一类型工具具有一定的借鉴价值。

名家语录或其他提示
任何足够先进的技术都等同于魔术。

——亚瑟·C. 克拉克

第四节
支持教学组织与管理的技术工具

本节学习目标

1. 简述支持教学组织与管理的技术工具。

2. 概述有哪些代表性的技术工具。

教学组织与管理类工具是由教学管理者使用的，直接或者间接作用于管理对象，能够帮助管理者实现组织与管理目标的工具。在教学过程中，教师可利用这些技术工具进行学习管理、教学管理和家校管理等一系列组织与管理活动。

一、学习管理工具

现如今，学习管理工具已经在 Blackboard 和 Moodle 等系统被广泛采用。学习管理工具可用于创建在线学习环境。学生可以在其中轻松进行与学习有关的各种活动，如下载笔记、访问成绩、进行测试以及参加在线讨论。

(一)小组化管理

小组化管理是指利用技术工具针对不同的课堂需求，对班级成员进行分组化管理。小组化管理工具特指进行小组化管理的技术工具，代表的技术工具有课堂派作业分组、云班课小组方案管理。以云班课小组方案管理为例，它可使用不同的方式对班级成员划分小组，能够在小组任务、任务小组划分方式、课堂表现、学习评价中设置成员小组方案，对学习活动进行小组化管理。

(二)作业管理

作业管理是指利用技术工具对作业的布置、提交、批改、反馈等各个环节进行管理。作业管理工具特指进行作业管理的技术工具，代表的技术工具有优学院 2.0 作业提交批改、对分易移动端作业管理。以对分易移动端作业管理为例，学生能够一键上传作业，教师能够在线打开作业、评分评语、写批注，移动端能够随时批改作业，分数及评语反馈也能够被迅速发送到学生手中。

(三)课堂管理

课堂管理是指利用技术工具实现课堂中各个环节的管理。课堂管理工具特指进行课堂管理的技术供给，代表的技术工具有班级优化大师、班级自治化管理、课堂派定位签到等。以班级优化大师为例，它具备光荣榜功能，根据课堂表现，实时发送点评，分数排名即时刷新。

二、教学管理工具

教学管理是指运用管理科学和教学论的原理与方法，充分发挥计划、组织、协调、控制等管理职能，对教学过程各要素加以统筹，使之有序运行，提高效能的过程。教学管理工具特指进行教学管理的一系列工具。

(一)教学资源管理

教学资源管理工具可简单、快捷地管理学校文件，还有助于实现教学互动，迅速提升内部文件管理水平，实现对学校海量文件资源的简单化管理，代表性的技术工具有云班课库管理功能、联友教学资源管理等。以云班课库管理为例，它可以通过库管理功能对题库、资源库进行管理，也可以根据需要新建课程，为课程新建分组，移动添加或删除课程。

(二)教学内容管理

教学内容管理是指对教学实施过程中的具体教学内容进行组织、管理与加工，代表性的技术工具有课堂派协同备课功能，具备小组协同备课功能，添加多个教师，实现教学内容的及时优化和更新。

三、家校管理工具

家校管理工具是指利用技术工具实现学校与家长的良好沟通与合作，从而实现家校共育目的的一类技术工具。

(一)家校沟通

家校沟通指的是学校与家长双向的信息交流与分享。家校沟通工具指的是实现这一功能的工具，代表性的技术工具有班级优化大师课后功能、群里有事小程序等。以群里有事小程序为例，它是一款帮助在微信平台提升工作和学习效率的有力工具，可利用此工具的群活动功能，轻松收集家长端信息，同时还具备群投票、群接龙、群话题、群文章等多个提升家校沟通效率的功能。

(二)家校调查

家校调查是指为了了解情况而对家长的相关信息进行考察。家校调查工具指的是实现这一功能的工具，代表性的技术工具有晓黑板、金山表单等。以金山表单为例，它是典型的数据收集工具，手机和电脑端都可用，具备学生信息收集、问卷、投票等多个调查功能，收集内容，总结汇总表格。

四、小结

本节内容把支持教师组织管理的技术工具分为学习管理工具、教学管理工具和家校管理工具，并介绍了不同类型下的子分类，对三类子分类下的管理工具做了详尽描述，并举例说明了不同类型管理工具的特点，为教师组织管理技术工具的选择提供了新的思路。

名家语录或其他提示
能用他人智慧去完成自己工作的人是伟大的。

——旦恩·皮阿特

第五节
支持师生互动的技术工具

🎯 **本节学习目标**

1. 简述支持师生互动的技术工具。

2. 概述有哪些代表性的技术工具。

社会文化理论特别强调了社会互动和语言在学习过程中的关键中介作用(Vygotsky，1978)。师生互动是指教师优先使用讨论的方法以使学生参与知识的共同建构。支持师生互动的技术工具指的是支持这种活动的一类技术工具，其中包括通信和会议工具以及教学互动工具。

一、通信和会议工具

通信和会议工具是指实现语音和直播互动的一类技术工具，可以通过通信和会议功能实现远程交流与协作、音视频沟通等互动。

(一)同步通信和会议工具

同步通信和会议工具是指能开展实时通信与会议的一类技术工具，可通过技术工具实现随时随地的远程会议共享。同步通信和会议工具已在高校得到广泛使用，主要的代表性教学工具有 CCtalk 和腾讯会议。以 CCtalk 为例，它是典型的开放式教育平台，可使教师通过该技术工具进行实时的直播教学，同时还具备课堂互动、班级群互动、多人视频等功能，实现师生的实时交流与协作。

(二)异步学习工具

异步学习工具是指能开展非实时学习的一类技术工具，可通过技术工具实现非实时学习和管理，主要的代表性工具有云班课班课资源、课堂派课后学习等。以云班课班课资源为例，教师可提前上传课前预习、课后复习资源，供学生提前进行学习，同时也可进行课后讨论与协作。

二、教学互动工具

教学互动工具不仅有"你问我答"的互动功能，而且能够真正支持教师的"教"和学生的"学"，实现高度的教学交互，调动学生课堂参与的积极性，提升教学效果。

(一)头脑风暴

头脑风暴法又称智力激励法、BS 法、自由思考法，是由美国创造学家 A. F. 奥斯本于 1939 年首次提出、1953 年正式发表的一种激发性思维的方法。头脑风暴技术工具特指支持这种活动的技术工具，代表性的工具有 wordart 词云图、云班课头脑风暴功能。以 wordart 词云图为例，它是一款在线词云图生成软件，不需要任何图形操作的经验。用户可自定义词云图的每一部分，包括词、形状、字体、颜色、布局等。

> **Tips**
>
> 所谓头脑风暴最早是精神病理学上的用语，指精神病患者的精神错乱状态，现在转而为无限制的自由联想和讨论，其目的在于产生新观念或激发创新设想。

(二)思维导图

思维导图能以简洁明了的图形表现出复杂的知识结构，把不可见的思维结构、思维方法、思考路径或过程通过图示或图示组合呈现出来。思维导图技术工具特指制作思维导图的工具，代表性的技术工具有幕布、爱莫脑图等。以幕布为例，它是一款结合了大纲笔记和思维导图的头脑管理工具，可以帮你用更高效的方式和更清晰的结构来记录笔记、管理任务、制订计划甚至是组织头脑风暴，具有思维导图和大纲笔记一键转换的功能，多平台数据自动同步，多途径分享。

> **Tips**
>
> 英国心理学家东尼·巴赞改变了传统线性笔记呆板的特点而创作了一种扩散形记笔记的方式。这种方式经过改良后便成为思维导图。

(三)问卷投票

问卷投票是指通过调查的形式完成数据收集，了解并反馈用户观点的形式。问卷投票工具特指支持问卷投票功能的一类工具，代表性的工具有问卷星、课堂酷问卷互动。以问卷星为例，它是一款深度集成微信群发、红包抽奖、问卷密码等强大功能的问卷工具，能够完成在线问卷调查、在线测评和在线投票等多种活动。

(四)答疑讨论

答疑讨论是指教师回答学生的疑问，并组织学生进行主题讨论活动。答疑讨论工具特指支持答疑讨论活动的一类技术工具，代表性的技术工具有微助教课堂讨论、课堂派主题讨论等。以微助教课堂讨论为例，教师可根据教学进度及时收集学生反馈，同学间可相互启发，优秀观点投影展示，词云动态显示讨论结果，实现了答疑讨论的动态呈现。

(五)课堂表现

课堂表现是指学生在课堂中呈现的所有行为。课堂表现工具指支持教师完成课堂表现互动的技术工具，代表性的技术工具有云班课课堂表现功能、雨课堂师生互动功能等。以云班课课堂表现功能为例，它支持四个方面的课堂表现活动，分别是举手、抢答、小组评价和选人，通过四个功能，可以完成教师与学生之间的双向互动。

(六)随堂测验

随堂测验是在课堂教学当中实施的测验活动，支持随堂测验功能的技术工具称为随堂测验工具，代表性的技术工具有微助教互动答题、课堂派随堂互动答题等。以课堂派互动答题为例，它可随时编辑互动答题：投票、评价、匿名开放、拍照、选择、判断、简答等多种题型，实时分析互动答题情况，一键词云提取学生有效观点，及时检验教学效果。

三、小结

本节内容把支持师生互动的技术工具分为通信和会议工具、教学互动工具，并对两个类型子分类下技术工具的特点和代表性工具的功能做了详尽介绍，希望通过本节内容的学习，学生能对师生互动技术工具的选择更加明晰。

名家语录或其他提示
课堂上，老师和学生要保持良好的互动，才能落实教学相长的理想。

第六节
支持生生互动与协作的技术工具

本节学习目标

1. 简述支持生生互动与协作的技术工具。

2. 概述有哪些代表性的技术工具。

教学交互是指学生为了达到学习目标或逐步接近学习目标的过程中所有学习资源的互动，这种交互不仅包括学生与教师、媒体界面、学习内容的交互，而且还包括学生之间的交流与协作，支持生生互动与协作的技术工具有助于实现学生的学习建构与共享。

一、互动交流工具

其中支持生生互动交流的技术工具指的是能满足学生之间交流需求的一类技术工具，从而实现实时的信息交流和共享。

(一)社交网络工具

社交网络工具既可以实现信息的发布与共建共享，还可以针对不同主题进行沟通，与此同时使得内容的讨论与信息的沟通直接和不同主题相关(王玉玺，2013)。社交网络工具既能实现思想的沟通与交流，也能实现讨论过程中的内容管理，代表性的技术工具有微信、QQ等。以微信为例，它是一款智能终端提供即时通信服务的免费社交程序。它已经成为大众化的群聊工具，支持跨通信运营商、跨操作系统平台通过网络快速发送免费(需消耗少量网络流量)语音、短信、视频、图片和文字，同时具备多样化的插件，如"微信公众号""微信小程序"等，能实现生生之间的有效交互。

(二)社会内容工具

社交内容工具允许创建和交换用户生成的内容(如文本、音频、图像和视频)，它为学生和教育者提供了大量可重复使用的媒体资源，代表性的技术工具有 bilibili、YouTube、Flikr 等。以 YouTube 为例，它是世界上最大的视频共享网站，可以支持课前学习、小组研讨和个人演示等学习活动，实现个人与集体之间的交互。

二、学习社区工具

大规模在线开放课程（MOOCs）是在线学习的一种重要形式，该类课程的交互主要以论坛讨论的形式发生（冯晓英等，2016）。学习社区强调以学生共同体为核心来开展知识的生产与传播活动，在教学方法和学习设计中强调探究、解决问题、协作以及知识的联合建构。

（一）互动协作工具

互动协作指的是通过生生之间的协作交流，完成学习内容的共建共享。互动协作工具指的是支持这一类活动的技术工具。在线协作学习因不受时空限制、灵活有效的优势而成为在线学习的重要方式。其作为促进学生问题解决、知识建构和合作交流等高阶技能发展的重要手段，显著提高了在线教育的质量和效果（琳达·哈拉西姆等，2015）。代表性的技术工具有云班课虚拟社区、cMOOC 论坛等。以 cMOOCs 为例，学习社区是交互发生的主要载体，学生通过交流贡献更多的内容，共同营造复杂的网络。

（二）协同编辑工具

协同编辑工具是为了实现多人同时在线编辑文档的正确性和一致性的需求而设计的，这种工具为多元对话和相互协商提供了可能，代表性的技术工具有石墨文档、teambition 等。以石墨文档为例，它是一款轻便、简洁的在线协作文档工具，支持多人同时对文档进行编辑和评论，可以与他人轻松完成协作撰稿、方案讨论、会议记录和资料共享等工作，提升协作效率。

（三）协作学习工具

协作学习形式与其他学习方式相比，学习内容更多且保留时间更长（McKeachie et al.，1986）。协作学习指的是学生之间共同完成知识的学习，代表性的协作学习工具有 cMOOC 问题协作功能、知乎圆桌等。以知乎圆桌为例，它可以针对特定问题聚集讨论人群，允许学生发布消息，进行讨论并交换文件，同时有主持人和嘉宾对讨论话题进行组织和引导。

三、小结

本节内容把支持生生互动与协作的技术工具分为互动交流工具和学习社区工具，并对两个类型下的工具做了子分类，详细介绍了子分类下不同技术工具的特点及代表性工具的功能，力图通过这种方式，让学生在混合式学习设计时，选择恰当类型的支持生生互动与协作的技术工具。

名家语录或其他提示

人们在一起可以做出单独一个人所不能做出的事业；智慧＋双手＋力量结合在一起，几乎是万能的。

——［美］韦伯斯特

第七节
支持学习评价与反馈的技术工具

本节学习目标

1. 简述支持学习评价与反馈的技术工具。
2. 概述有哪些代表性的技术工具。

反馈是形成性评价的重要组成部分，对形成性评价的效果起着至关重要的作用(Bell & Cowie, 2001)。评价与反馈是不可分割的有机整体，而学习效果的提升也在一定程度上取决于学习评价与反馈的有效性，因此支持学习评价与反馈的技术工具也是混合式学习环境的巨大优势之一。

一、学习评价工具

学习评价结果会影响和改变学生的行为，甚至可能会决定学生的发展方向(Hargreaves, 2005)，因此作为学习的评价理念倡导评价即教育、评价即学习、评价即改进，而学习评价工具特指能实现学习评价目的的一类技术工具。

(一)作业批改工具

作业批改工具主要是指通过多种形式实现作业的自动化和手动批改，代表性的技术工具有优学院 2.0 作业批改功能、批改网等。以批改网为例，它是一款智能批改英语作文在线服务系统，是基于云计算的英语作文自动批改在线服务，给作文自动打分，并且提供作文的整体评语，以及"按句点评"等重要的反馈信息。给出评分，并在有语法、用词、表达不规范的地方给予反馈提示，给学生修改的建议。

(二)学习分析工具

通过测量、收集、分析和汇报学习数据，学习分析为研究学习效果提供了直接、有效的诊断方式，有助于改进教与学行为、理解和优化学习环境（Blikstein&Worsley，2016）。学习分析工具特指支持学习分析的一类技术工具，代表性的技术工具有课堂派教学过程分析、雨课堂全景数据分析等。以课堂派教学过程分析为例，教学全过程活动数据自动生成，实时查看课程、学生数据面板和报表，教学数据可留存、可追溯，同时可生成课堂数据分析和学生学习数据分析。

二、学习反馈工具

传统意义上，反馈被理解为一种行为。通过这种行为，教师可告知对学生学习任务的重视程度。有学者提出，反馈是一个过程，学生可以通过该过程获取有关其学习任务的信息，以便欣赏学习任务本身的相似性和质量，从而产生出更好的内容（Bond & Molly，2013）。学习反馈工具指的是支持学习反馈功能的一类技术工具，反馈是保障在线学习质量必不可少的手段。

(一)同步反馈工具

同步反馈的界定以时机为主，"即时"可能被定义为在学生已经回答了一个项目或问题之后，在测验或测试完成之后立即进行总结性反馈，代表性的技术工具有 Plickers 即时反馈工具、对分易实时课堂反馈等。以 Plickers 为例，它是一款典型的即时反馈工具。教师能够实时掌握所有学生的反馈信息，只需在智能手机上安装 APP，再打印几十张卡纸，就能有效促进课堂交互。

(二)异步反馈工具

异步反馈所提供的反馈是"延时"的，"延时"是相对于"即时"而定义的，这样的反馈可能发生于完成测验或测试的几分钟、几小时、几周或更长时间之后，代表性的技术工具有课堂派课后作业发布、对分易课后作业批注等。以课堂派课后作业发布为例，教师可对学生课后学习情况进行了解，81 种文档格式作业在线展示和批阅，随时随地批改作业；实时查重，精准比对，避免学生抄袭；自动管理成绩，一键下载作业数据。

三、小结

本节内容把支持学习评价与反馈的技术工具分为学习评价工具和学习反馈工具，并对不同类型下的技术工具做了子分类，详细介绍了子分类下技术工具的特点及代表性技术工具的功能，希望学生通过此节内容的学习能够学会选择合适的学习评价与反馈工具。

名家语录或其他提示

不会评价自己，就不会评价别人。

——德国

项目式学习活动 11：混合式学习工具设计

请你与同学组成学习小组，建议 3～5 人一组。请你根据自己小组所完成的混合式教学设计，利用本节所学知识，与你的小组成员一起协作、讨论，进一步选择混合式学习的技术工具，完善教学设计。

🔍 **学习活动建议**

本章的学习重点：第一，掌握混合式学习环境中技术工具选择的原则；第二，了解支持不同学习活动的混合式学习平台和技术工具有哪些，学会做出合理选择。

建议学生利用网络等各种途径检索文献资源和技术平台、工具，通过具体实践活动对技术工具的使用和选择有深入了解，通过案例分析并选择最优的混合式学习技术工具，进一步并基于小组的混合式学习设计项目设计混合式学习的技术工具，思考理解本章的内容。

本章小结

"互联网＋教育"时代下，各类型学习工具层出不穷，技术工具的选用一定程度上也决定了混合式教学的效果，如何在众多技术工具中选择最适合的技术工具是本章内容关注的重点话题。

本章内容从混合式选择环境下技术工具选择的原则出发，分别阐述了不同混合式学习平台和技术工具的内容、特点以及代表性平台和技术工具，让学生从更加清晰的视角对混合式学习的技术工具有了深入的了解，进一步能够结合自己的混合式学习设计，选择恰当的技术工具。技术工具是混合式学习设计的外部支撑，没有技术工具的帮助也无法达到"线上＋线下"的有机融合，因此，希望通过本章内容的学习，能够了解并学会选择混合式学习的技术工具。

总结＞

关键术语

技术接受　Technology Acceptance

技术工具　Technology Tools

师生互动　Teacher-student Interaction

生生互动　Student-student Interaction

教学组织管理　Teaching Organization Management

学习评价与反馈　Learning Assessment and Feedback

应用＞

批判性思考

1. 请发挥想象力畅想一下未来人工智能技术工具是如何支持教师开展混合式教学的？

2. 请发挥想象力畅想一下未来人工智能技术工具有哪些功能辅助学生学习？

体验练习

一、简答题

1. 请简述在混合式学习环境中技术工具的选择有哪些原则。

2. 请简述混合式学习平台有哪几种类型。

二、论述题

如何结合不同类型的技术工具，设计一节混合式学习课程？

案例研究 |||||||||||||||||||||||||||||||||||||||||||||||||||||||||||||||||||||||||||||||

国内第一门 cMOOC 平台"互联网＋教育：理论与实践的对话"

由互联网教育智能技术及应用国家工程实验室、北京师范大学远程教育研究中心和江南大学教育技术系联合开发，基于联通主义理论所开设的"互联网＋教育：理论与实践的对"慕课（cMOOC）已开设到第四期。cMOOC 以"开放""共享""互动""创新"为指导，关注互联网推动教育创新的实践策略和创新理论，实现了多种技术工具的融合，关注学习理论创新，深度剖析实践案例。前五周每周推送主题自主学习材料，方便学生对五大主题有更加深入、更加贴合实践的探讨与交流。直面现实教育问题，线上协作解决问题。聚焦由五大主题引申出的教育领域"真问题"，以及疫情期间在线教育实践中出现的突出问题，开展线上小组协作共同探究，建立深度学习连接。邀请国内"互联网＋教育"领域的创新企业、专家学者和管理人员共同参与课程建设与运行，帮助所有参与者建立起个人与创新企业、研究机构、关键人物、前沿知识、热点问题之间的连接，形成个性化的"互联网＋教育"领域的社会网络。同时课程种类资源丰富，各行各业都有，总有人需要。

第十章

混合式学习的评价设计

本章概述

　　本章的学习目的在于让同学们理解并掌握混合式学习的评价设计的方法策略。具体包括两个维度的评价设计：一个维度是混合式学习中如何设计对学生的评价活动；另一个维度是如何对教师的整个混合式学习进行评价。本章共包括 2 节内容。第一节介绍如何设计混合式学习中的评价活动，从而评价学生的混合式学习效果。第二节从框架、方法、工具和内容四个方面对如何进行混合式学习的整体评价进行了详尽的阐述。

内容导图

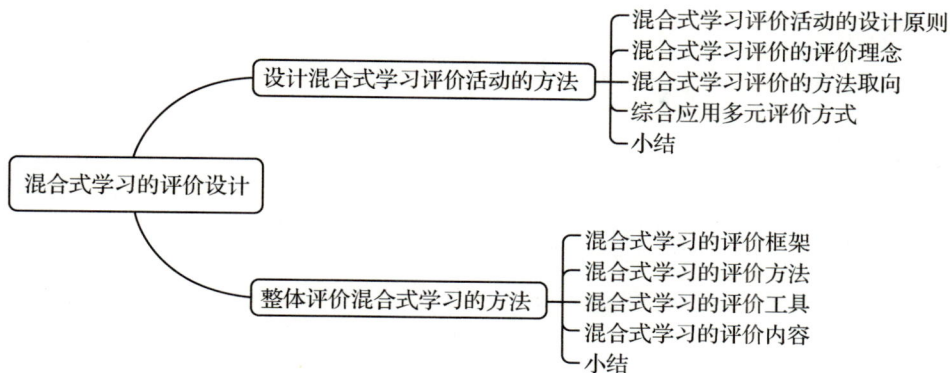

学习目标

1. 简述混合式学习中评价活动的设计原则。
2. 简述整体评价混合式学习的框架、方法和工具。
3. 概述混合式学习的评价内容：教学效果和满意度。

读前反思

　　第十章我们将了解如何设计混合式学习中的评价活动，并了解如何整体评估一门混合式学习课程的质量。在学习本章之前，请你想一想：

1. 混合式学习中的评价活动与传统的面授教学有怎样的区别？
2. 哪些技术工具可以进行混合式评价活动的设计？
3. 你认为可以从哪些维度评估混合式学习设计？

章内栏目

　　黄老师是一名职业技术学院的老师，在这学期他采用了混合式教学的方法教授了"摄影技术"。完成学习支架的设计、选择好资源和工具之后，黄老师又有了新的疑惑：应当如何设计混合式学习中的评价活动，从而评价学生是否达成了教学目标？除了希望解决自己在设计这门课时遇到的问题，黄老师还希望了解如何评估自己的混合式学习课程。是否有成熟的评价框架、方法和工具？此外，衡量自己的混合式教学是否成功需要考虑哪些内容？

　　本章聚焦混合式学习的评价设计，一方面关注混合式学习中评价活动的设计，帮助同学们了解混合式学习中评价的设计原则；另一方面则对混合式学习领域目前应用

184

较为普遍的评估框架、方法和工具进行介绍，并介绍了从哪些内容维度衡量混合式课程的质量。

第一节
设计混合式学习评价活动的方法

本节学习目标

简述混合式学习中的评价活动的设计原则。

对于任何一门课程而言，课程设计者和教师都需要了解学生学习后是否达成了相应的学习目标，学习效果怎样，因此学习评价活动至关重要。本节将重点关注如何设计混合式学习中的评价活动，对强调形成性评价、采用三角评价法等评价设计原则进行详细阐述。希望你在学习本节内容后能够初步掌握混合式学习评价活动设计的基本原则，并参照案例尝试进行设计实践。

一、混合式学习评价活动的设计原则

混合式学习评价活动的设计是混合式学习设计中关注的重点。评价与学习活动联系紧密，一方面是指混合式学习评价常常以活动的形式呈现；另一方面则是指学习评价是以目标为导向的，需要与不同学习活动的目标相对应。混合式学习评价能够帮助教师了解学习活动是否达成了目标，并为教师及时调整教学提供证据支持。此外，评价活动对于学生认识自己的学习状态和学习水平也有着重要的作用。

在之前的第五章第二节提到了设计混合式学习评价活动时，需要考虑评价什么、谁来评价和怎样评价的问题。基于以上三个问题，混合式学习评价活动的设计应当遵循三条设计原则。

第一，强调形成性评价。混合式学习活动重视学生的学习过程和生成性学习成果，因此形成性评价应当是混合式学习评价活动中的重要组成部分，能够及时为教师提供教学的反馈信息。如果混合式学习评价活动只关注总结性评价，而忽略了形成性评价，那么教师就难以掌握学生不同阶段的学习状态，无法根据学生的实际需求提供动态的支架支持。

第二，采用三角评价法。谁来评价同样是设计混合式评价活动时要考虑的重要问题。三角评价法由学生自我评价、同伴评价和教师评价构成。多主体的评价能够更为客观地对学生学习活动的完成情况以及学习成果进行观测，不同角度的评价结果相互印证，避免单主体评价的片面性。

第三，综合应用多元评价方式。在设计混合式学习评价的方式时，应当充分考虑学习评价的方式与其所指向的学习活动是否适配。线上评价和线下评价、口头评价和书面评价、正式评价和非正式评价等评价方式各有优势，教师应当根据具体需求设计不同方式的混合式评价活动。

下面我们通过一个案例来具体感受一下。

案例 10.1

"分拣机构的安装与调试"的混合式学习评价评价活动设计

该课程是无锡开放大学教师侯宁设计的，面向五年制高职机电一体化技术专业四年级学生。该课程主要采用翻转课堂的混合式教学模式，教学目标包括原理方法、自主学习能力和团队协作能力等。课程强调形成性评价，评价内容包括学生在线学习参与度，如问题讨论、平台访问量等。此外，将单元的测试成绩作为总结性评价的内容。综合形成性评价和总结性评价能够较为全面地衡量学生在该课程的混合式学习效果。该课程的评价方式包括线上评价和线下评价两种，评价主体较为多元，有教师评价、同伴互评以及自评。具体评价设计见表 10-1。

表 10-1 混合式学习评价活动设计

教学目标	评价内容	评价主体	评价方式
目标：领会分拣机构控制原理和实现方法 目标：提升自主学习能力	形成性评价： 学生的参与度包括问题讨论、平台访问量、学习报告等统计数据	教师评价	线上评价 书面评价 非正式评价
目标：领会分拣机构控制原理和实现方法 目标：掌握分拣机构的机械安装调试技能 目标：提升团队合作能力	形成性评价＋总结性评价： 小组协作过程的数据和工作成果评价	同伴互评＋ 教师评价＋ 自评	线下评价 口头＋书面评价 正式＋非正式评价
目标：领会分拣机构控制原理和实现方法	总结性评价： 单元测试成绩	教师评价	线上评价 书面评价 正式评价

186

【问题思考】

(1)根据混合式学习评价活动的设计原则,尝试分析说明以上案例在评价设计的哪些地方值得学习?

(2)思考如何进一步优化该案例的评价活动设计。

二、混合式学习评价的评价理念

混合式学习环境下强调形成性评价。形成性评价最初是由评价学专家斯克里芬在1967年提出的,能够帮助教师获得及时的、动态的学习情况数据,为教师改进调整实践中的教学提供参考依据(Scriven,1991)。此外,布鲁姆在《教育评价》一书中指出,形成性评价有助于学习活动的调整,帮助教师和学生发现学习过程中存在的问题,能够对学生学习过程中的错误进行校正。通过形成性评价,学生能够清晰地看到自己在阶段性学习中的进步,这有利于激发学生的学习积极性,提升学生的自我效能感。因此在设计混合式学习评价活动时应当强调形成性评价,将形成性评价和总结性评价有效整合,构成客观全面的教学评价。

基于对国内外文献的梳理,可以发现形成性评价主要包括三类:对学生学习过程的评价、对学生学习知识掌握情况的评价以及对学习中生成性成果的评价。对学生学习过程的评价主要是质性评价,评价内容以学生的学习态度和学习行为为主。但随着教育大数据和学习分析技术的进一步发展,学生在线上学习行为和学习过程能够被量化评价,并被用于预测学生的学习成效。因此,在设计对混合式学习过程的评价时需要综合考虑质性评价和量化评价,从而使得对学生学习过程的评价更加科学完善。阶段性的测试能够帮助教师评价学生阶段性学习中的知识掌握情况,目的并非筛选优秀学生,而是发现学生的知识漏洞和能力短板,为后续的教学提供优化改进的建议。除此之外,学生在学习过程中的生成性成果也是形成性评价的重要内容,能够帮助教师直观地了解学生当前的学习水平。将学生的生成性成果放入电子评价档案袋中是描画学生学习轨迹的有效方式,能很好地促进学生的自我反思,支持学生的成长发展(刘洋等,2012)。

三、混合式学习评价的方法取向

混合式学习评价更加关注多元化多角色的三角评价法。20世纪80年代,国际教育评价理论和实践经验也更加完善丰富。康韦(Conway,1984)等教育评价学者逐渐发现以教师、专家为评价主体的单一主体评价模式存在着信效度较低、真实性不强、缺乏实际指导意义等不容忽视的弊端。我国教育学者也指出现有的课堂评价主体过于单一,重视观察者基于标准的评价(钟启泉，2012)，却忽略了学生的主观能动性和自主评价。三角评价法(图10-1)是由学生自我评价、同伴互评和教师评价组成的多主体评价方式(Vaughan，2013)。三角评价法通过不同角度的评价，优势互补，能够对学生形成较为全面客观的认识，从而更好地指导学生进一步学习。

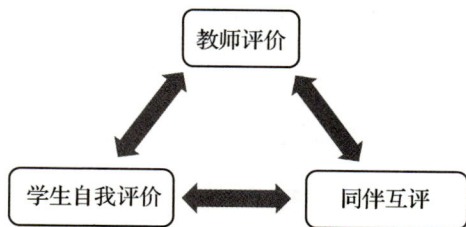

图 10-1　三角评价法示意图

学生自我评价是指学生根据确定的标准和条件对自己的学习情况进行的达成程度判定(Chen et al.，2009)，是学生进行自我管理的重要评价方式。邦德(Boud)等人认为学生自我评价应当包括测试、自我评估以及使用反思性问题等。教师应当提供相应的测试工具和评价标准，支持学生自我评价的开展。学生借助测试、自我评估等方式反思自己在学习中的成功与不足，洞悉外部评价无法看到的学习成就(Lu & Law，2012)，总结好的学习经验。同伴互评则是指学生对同伴的学习表现或学习成果进行的质性或量化的评价活动，能够激发学生作为彼此的教学资源(Wiliam et al.，2004)，促进学生集体的共同进步。在混合式学习评价活动中设计同伴互评，不仅能够帮助学生了解同伴视角下自己的知识和能力水平，同时也有利于提升学生的学习动机和学习兴趣。教师评价相较前两种方式而言，是教育教学应用最多的一种传统的评价方式。近年来，尽管单一的教师评价方式受到了质疑，但不可否认教师评价在教育教学评价中始终占据着重要的位置。在混合式学习中，教师是学习的主导，通过教师的监督和评价，学生能够得到权威、专业的指导，更好地找准后续学习的路径与策略。

四、综合应用多元评价方式

混合式学习的目的是优化学生的学习体验，提升学习效果。因此为了达成这一目的，学习活动的设计可以灵活采用线上、线下和混合的方式。混合式学习评价与学习活动关系紧密，评价以学习活动的目标为导向，其评价方式也需要与活动开展的方式相适应，应当根据实际需求综合应用多元评价方式，从而使评价充分发挥其作用。

从线上、线下特性划分，混合式学习评价方式可以分为线上评价和线下评价。线上评价方式能够更为灵活便捷地收集学生、教师等多个主体的评价结果。此外，线上评价方式往往附带有数据统计和分析的功能，在很大程度上减轻了教师整合评价结果的负担。线上评价方式适用于线上、线下和混合式的多种学习活动。由于线下评价对时空一致性的要求，线下评价适用于线下学习活动。线下评价相对线上评价而言能够更为直接地呈现评价结果，为教师和学生提供教与学的参考。

从媒介维度来看，评价方式又可以分为书面评价和口头评价。书面评价是指用电子文档、纸质材料等方式将评价结果记录下来，而口头评价则更强调用言语的方式进行及时的评价反馈。书面评价的优势显而易见，文字的记录留存时间更久，能够清晰地记录学生的成长历程，适用于对学习成果、阶段性知识掌握情况的评价。相较而言，口头评价对及时纠正学生在学习过程中出现的错误、引导学生的学习更加及时有效。

Tips

在设计混合式学习评价活动时，应当综合考虑线上评价和线下评价、书面评价和口头评价、正式评价和非正式评价的优势，并结合所要评价的内容选择恰当的方式。例如，学生针对某个问题发表了观点后，可以对学生进行非正式、面对面的口头评价，及时地给学生提供真实的反馈，帮助学生发现问题，从而改进自己的学习。又如，为了检验学生一段时间的学习成果，可以开展正式的书面评价，以量化的评价结果更加精确地反映学生的知识掌握情况。

此外，正式评价和非正式评价同样是混合式学习评价活动的两种不同类型。正式评价最突出的特征是需要评价者依照严格的评分标准对被评价学生给出正式的成绩，并且往往是量化的评价，用于判定学生是否达成了相应的学习目标。而非正式评价是一种动态的评价方式，常以质性的方式出现，评价标准模糊化、去规范化（黄韶斌，2005)，能够激发学习动机、增强学习兴趣，为学生的学习提供新的启发。

五、小结

混合式学习评价活动设计是核心目标导向的混合式学习设计模式中的关键步骤。通过恰当的评价，学生的学习情况得以被及时掌握，学习动机也能够得到充分的激发。本节介绍了混合式学习评价活动的三大设计原则：第一，强调形成性评价，关注学生的学习过程和生成性成果；第二，采用三角评价法，让更多的评价主体参与，提升评价的客观性和真实性；第三，综合应用多元评价方式。根据实际需求选取恰切的评价方式。此外，本节还通过案例具体阐述了在设计混合式学习评价活动时如何应用不同的设计原则。

项目式学习活动 12：设计混合式学习评价活动

通过本节所学内容，你应该对如何设计混合式学习课程中的评价活动有了更加全面深入的了解。课程接近尾声，你所在小组的项目式学习应该已经趋近完成，最后的关键一步就是设计混合式学习评价活动，请你与小组同伴积极讨论交流，基于本小组混合式学习设计的选题和学习目标设计课程的学习评价。

名家语录或其他提示

我想象着有一天，在不太遥远的未来，评价不再被看作不悦和恐惧，不再与教学和学习相分离，不再被用于惩罚和限制进入重要的学习。相反，评价、教学与学习交织互动、相互促进、提高彼此。评价不仅揭示学生所知和所能，而且能捕捉新的学习如何发生，能提供大量的不同形式和不同质量的作品，能表明每个学生思维的深度、宽度和发展。反过来，这种丰富的信息又能被用于激发深层次的学习和教学。

——厄尔

第二节
整体评价混合式学习的方法

本节学习目标

1. 简述整体评价混合式学习的框架、方法和工具。

2. 概述混合式学习的评价内容：教学效果和满意度。

对混合式学习课程的整体评价是帮助设计者了解教学效果，并为新一轮的混合式学习设计的迭代提供参考的重要环节。随着混合式实践的深入，学者们提出了不同的评价框架和评价方法，并在此基础上形成了较为成熟的评价工具。本节主要介绍了评价混合式学习课程的框架、方法和工具，并详细阐述了混合式学习在不同教育领域中的评价内容以及衡量标准。希望本节内容能够帮助你初步了解如何整体评价混合式学习课程。

一、混合式学习的评价框架

决策者、实践者和研究者都高度关注并强调混合式学习评价，只有基于评价数据，才能实现混合式学习或课程的不断改进。在混合式学习的实践与研究中，系统的、长期的评价数据采集被大多数学者共识为有效评价的基础（Dziuban & Moskal，2011；Toth et al.，2008）。然而在实践中，大多数机构都还没有建立对混合式学习的有效评价机制。很多实践者和研究者都依然困惑于应当采用怎样的框架、方法和工具对混合式学习或课程进行评价。

一些研究者尝试应用不同的概念框架，从不同的角度对混合式学习进行评价。例如，关注学生课堂表现给他人留下的印象、师生感情、合作意识的课堂社区意识（Graff，2003；Ayden & Gums，2016），以学生参与度与交互为关键的评价框架（Aspden & Helm，2004），基于问题的学习框架（Oliver & Trigwell，2005），以学习活动为中心的活动理论（Keengwe & Kang，2013）等。

目前最成熟的、应用最广泛的混合式学习评价框架，仍然是探究社区模型，如图10-2所示。探究社区模型认为混合式课程中社会临场感、教学临场感以及认知临场感是关键的教学要素，只有这三者达到较高水平时，才能够说明学习是有效的。由此可见，该框架不仅可作为混合式学习设计与实施的理论框架，也可以作为混合式学习或课程的评价框架。

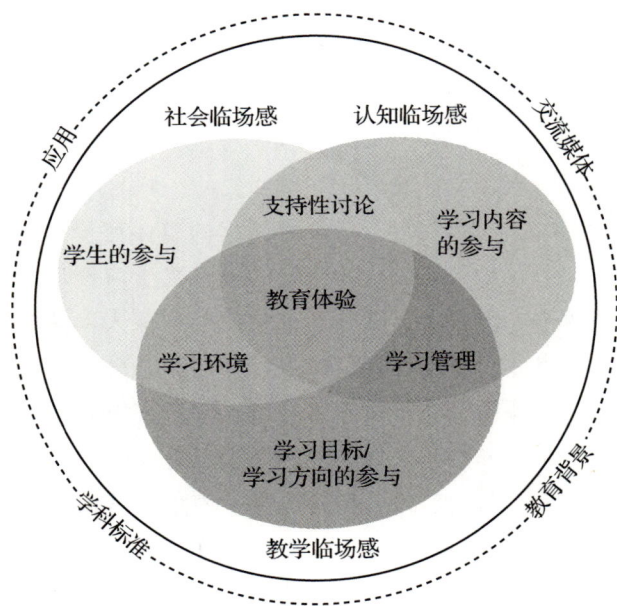

图 10-2　探究社区模型

二、混合式学习的评价方法

目前，以探究社区模型为评价框架，混合式课程评价中主要采用问卷法或内容分析法。

问卷法是由学生进行自我报告，需要研究者用问卷工具对在线学习者临场感水平进行测量。康拉德(Conrad，2005)使用问卷调查、访谈等方法测量了一组研究生学生的临场感水平，质性、纵向、持续地追踪了他们的社区意识发展；白雪梅等人(2016)运用探究社区量表以一门混合式的 MOOC 课程为研究样本对三种临场感之间的相关关系和因果关系进行了分析，从而进一步为混合式学习的设计与实践提供了新思路。

内容分析法则是对混合式学习过程中的交流、讨论内容进行文本分析，从而确定学生的临场感水平。奥莱绍娃(Olesova，2016)采用定量的内容分析法探究了脚本对学生在异步在线讨论中的认知临场感水平的影响。

一些研究会同时采用两种方法以提高临场感测量的准确度。阿克尤丽(Akyol)等人(2008)分析了社区的问卷调查结果，并对在线课程中论坛发帖进行了内容分析，从在线学生临场感水平的变化探究了探究社区的发展。还有学者通过问卷法查、内容分析法等方法对在线学生的临场感水平进行了测量，指出在线课程中形成探究社区的关键就在于学生对于社区责任与社区任务的偏好和看法(Lambert & Fisher，2013)。

> **Tips**
>
> 如何选择混合式学习的评价方法？问卷法的操作步骤较为简单，数据结构良好，但只能收集学生行为及感受的小部分数据，与学生真实的临场感水平有一定的偏差。内容分析法的对象是全学习过程的所有文本内容，数据量大，且较为全面丰富。但在目前的临场感研究中，内容分析法几乎完全依赖人工编码。两种方法各有优劣，因此研究者和课程设计者需要综合考量多种因素，确定评价的方法。

三、混合式学习的评价工具

在评价工具方面，经过十多年的研究和实践，已经形成了比较成熟的、基于探究社区模型的混合式学习评价工具(学生问卷)和内容分析框架。

探究社区模型的提出者 Garrison 开发了一套临场感水平的测量工具，能够用于衡量学生在探究社区中临场感的水平变化。但应用更为广泛的是由 Arbaugh 团队于发布的临场感调查问卷，共包括 34 个问题项，其中教学临场感 13 个问题项、社会临场感 9

个问题项、认知临场感 12 个问题项，按照李克特五点法计分（1 表示完全不同意，5 表示完全同意）。后来，Cleveland-Innes 等人逐步加入了情感临场感维度，将该工具扩展为 40 个问题项。此外，相关研究者正在开发针对教师的评价工具。

Garrison 等人基于探究社区模型，设计出了具体的混合式学习评价框架。这一框架被广泛地应用于混合式教学评价的内容分析中。对最重要的认知临场感的评价，有研究者进一步构建了实践探究模型（Practical Inquiry Model），将混合式学习环境下认知临场感的构建，划分为四个层次：触发事件、探究、整合、问题解决（Garrison & Anderson，2001），并基于此模型对混合式学习中认知临场感的水平进行评价，从而形成了相应的评价指标（Garrison，2007；Garrison et al.，2010）。

综上所述，无论是采用问卷法还是内容分析法，相应的工具和框架需能够便于研究者对混合式教学效果进行评价，从而开展进一步的研究。

四、混合式学习的评价内容

（一）混合式学习的效果

混合式学习的效果及评价，一直是该领域国内外研究关注的重点。针对混合式学习效果的评价，主要关注三个层面：第一，学习成效和认知水平（冯晓英等，2016）；第二，交互和社会知识建构（陈鹏宇等，2015）；第三，情感态度。

目前，已有大量研究证明，混合式学习在基础教育、高等教育、职业教育三个领域都取得了显著的成效，而在三个不同领域的效果亦有所不同。

1. 基础教育领域

在基础教育领域，众多实践者将混合式学习用于推动传统课堂的变革。混合式学习对基础教育领域的成效，主要表现在课堂学习主体的变化、学生学习成绩的变化。实践结果表明，混合式学习有效地改变了基础教育领域"以教师为中心"的传统教学方法，重新树立了学生的主体地位。同时，混合式学习对学生的学习效果具有显著影响（Ige & Hlalele；2017）。国内的相关研究也表明，翻转课堂模式的混合式学习，能够激发初中生参与课题讨论和自主学习的热情，能有效提高学生部分学科的成绩。混合式学习对于解决教育资源薄弱地区学校教育质量的提升、基础教育的均衡发展等难题，都具有重要的现实意义（刘娟娟等，2017）。

2. 高等教育领域

混合式学习在高等教育领域的效果，重点表现在提高学习成绩和通过率、提高学生满意度、提高教学效率。López-Pérez 收集了西班牙格拉纳达大学大量的混合式课程案例，发现混合式学习降低了学生辍学率、提高了考试通过率和学生学习成绩。同时，混合式学习增强了学生学习动机、自我效能感、提高了学习满意度(López-Pérez et al.，2011)。Akyol 和 Garrison 调研了美国硕士研究生在混合式学习环境中的学习表现。结果表明，在在线和混合式学习环境中，学生能够获得较高水平的认知临场感和较理想的学习结果(Akyol & Garrison，2008)。美国学者对佛罗里达 6 所高校数万大学生的调查也表明，学生在混合式课程中的成绩明显高于纯面授课程和纯在线课程(Garrison & Vaughan，2013)。

3. 职业教育领域

国外混合式学习已经被广泛应用在职业教育。混合式学习对于提高学生的实践技能、基于真实的问题或情境解决问题的能力等方面，均具有积极的效应。特别是在医疗教育领域，混合式学习常被作为医师技能培训的主要方式之一。相较于传统培训，混合式学习在提高学生自我效能感、激发学习兴趣以及在临床实践中提升自主学习能力等方面，具有显著的效果(Ilic et al.，2015)。台湾地区职业教育领域的研究也发现，参加混合式课程学习的学生，获得了在真实情境下解决真实问题的能力，并且能够明显提高考试通过率和学习积极性(Shen et al.，2011)。

(二) 混合式学习的满意度

对混合式学习的满意度也是衡量混合式学习课程的重要内容，国内外研究从学生和教师不同角色对影响混合式学习的满意度的因素进行了探讨。

1. 学生满意度

已有大量研究证明了学生对混合式学习具有较高的满意度。一些学者进一步探索了在混合式学习中影响学生满意度的因素，指出明确的教学指导、教学活动、面授支持、协作能力等，都是影响学生对混合式学习满意度的重要因素(So & Brush，2008)。如果在混合式学习过程中缺乏及时的学习支持和师生互动，那么学生很容易有学习孤独感并因此产生学习倦怠，这不仅会影响学生混合式学习的学习效果，而且对混合式学习的满意度也会大幅度下降。然而，他们对学生满意度的影响，仍存在观点性分歧。例如，亨利(Henrie et al.，2015)的研究发现，媒体技术对学生的满意度没有直接影响。而贾斯蒂斯(Justice et al.，2015)的研究则认为，技术和在线工具都是学生满意度的关键影响因素。

国外也有研究者更加全面地考察了混合式学习系统，构建了混合式学习环境下学生的满意度模型。在这些模型中，教师专业技能、教师支持、学生感知的任务价值、成就目标预期、自我效能感、学习环境、交互等，均是影响学生满意度的关键因素(Diep et al.，2016；Wu et al.，2010)。

2. 教师满意度

相较于技术对学生满意度影响的观点分歧，技术对教师的影响要明显且重要得多。技术因素是影响教师对混合式学习满意度的关键因素，如技术问题、工具与课程的整合、教师对技术的焦虑等，都会在很大程度上影响教师对混合式学习的满意度（Al-Busaidi & Al-Shihi，2012；Comas-Quinn，2011）。近年来随着实践的深入发展，技术在逐渐成熟，越来越多的研究者和一线教师也逐渐重视工具与课程的整合。但教师对技术的焦虑目前仍然是较为主要的问题，大部分教师并非数字原住民，对技术的熟悉程度比较低。一方面是有畏难情绪，觉得线上教学的技术难以掌握；另一方面则是教师对技术的信任度较低，并不认为混合式学习能够提升教学效果。

除了技术因素之外，教师的个人特质对其满意度也有一定的影响。一些有创新精神的教师愿意探索新的教学模式并且敢于试错，其对混合式学习的满意度往往比较高。此外，在系统层面的因素也是关键。例如，学校是否提供管理上的支持和制度上的便利，教育部门有没有相应的激励政策和混合式教学的专业培训，这些都会影响教师的满意度。

案例 10.2

高职院校混合式教学质量评价体系

杨浩（2019）基于李馨等人提出的构建混合式教学质量评价体系的方法构建了高职院校的混合式教学质量评价体系。其指标体系共分为三级，分别是一级指标、二级指标和观察点。

一级指标的构建需要体现国家对于职业教育人才的期望和要求。该评价体系重点参考了《教育部关于全面提高高等职业教育教学质量的若干意见》，该意见从知识要求、能力要求、职业素质要求等方面提出了人才培养规格。课程标准又根据其在人才培养过程中的地位和作用，做了更加具体的描述。基于此，高职院校混合式教学质量评价体系包含归纳一级评价指标4个，分别是德育养成、学习方法和能力培养、职业素养养成、专业知识与技能。

二级指标是对一级指标的细化，包括诚信品德、遵纪守法意识、学习态度、学习能力、实践创新能力、交流沟通能力、敬业精神和责任意识、社会适应能力、终身学习意识、专业知识与技能等指标。此外，由于部分二级指标无法通过教学平台或学习过程直接获取，评价体系中进一步设置了便于教师获取信息的观察点，如贯彻规划目标的有效性、小组讨论贡献度、对待新技术的态度等。通过观察点的各部分数据共同反映高职院校学生的混合式学习效果。

【问题思考】

（1）该案例中的质量评价体系主要评价了混合式学习的哪些方面？评价体系是否能

够支持对高职院校混合式教学质量的有效评价？

（2）结合本节所学的混合式评价内容思考，是否可以进一步优化完善这一评价体系，从而使其更加完整？

五、小结

本节重点关注如何整体评价混合式学习，从混合式学习的评价框架、评价方法、评价工具和评价内容四个方面进行了详细介绍。

通过对国内外研究和实践的分析，不难看出对混合式学习的评价主要是基于探究社区模型，与混合式课程的设计前后呼应，理论一致性更强。在评价方法上，研究者主要是采用问卷法和内容分析法对混合式教学的效果以及临场感水平进行评价，并形成了相对成熟的问卷工具和内容分析框架。其中，较为成熟的问卷工具是 Arbaugh 团队发布的临场感调查问卷，共包括 34 个问题项；而应用最为广泛的内容分析框架则是 Garrison 等人基于探究社区模型设计的混合式教学评价框架（Garrison，2007；Garrison et al.，2010）。

混合式学习的评价内容主要包括教学效果和满意度两个方面。教学效果是衡量一种教学模式是否成功的重要评价内容，对混合式学习也不例外。对混合式学习效果的评价主要关注学习成效和认知水平、交互和社会知识建构、情感态度三个方面。在不同的教育领域中，教学效果也有所不同，满意度同样也常被用于评价混合式学习是否成功。目前学生对混合式学习的满意度较高，影响其满意度的因素主要是教学指导、师生互动、协作能力等。技术因素对教师满意度的影响较高，主要体现在技术问题方面。

名家语录或其他提示

教师是克服人类无知和恶习的大机构中的一个活跃而积极的成员，是过去历史所有高尚而伟大的人物跟新一代人之间的中介人，是那些争取真理和幸福的人的神圣遗训的保存者……是过去和未来之间的一个活的环节。

——乌申斯基

硬塞知识的办法经常引起人对书籍的厌恶，这样就无法使人得到合理的教育所培养的那种自学能力，反而会使这种能力不断地退步。

——斯宾塞

🔍 学习活动建议

本章的学习重点：掌握混合式学习的评价活动设计原则；了解用怎样的框架、工具对混合式学习的哪些内容进行整体评价。

　　建议学生利用网络等各种途径检索文献资源和案例资源，联系实践，通过案例尝试对混合式教学进行整体评价，并基于小组的混合式学习设计项目设计混合式学习的评价活动，思考理解本节的内容。

本章小结

　　混合式学习评价活动设计对混合式课程而言至关重要，能够帮助设计者检验混合式教学的目标、学习体验、学习支架等方面的设计是否能够有效支持学生的学习。事实上，评价无论是对教师还是学生都有着重要的意义。对教师而言，学习评价能够发现学习设计和组织的不足，从而进行新一轮的迭代优化并有意识地提升相应的教学能力。对学生而言，评价则能够暴露其知识漏洞和能力短板，从而明确其提升的方向。混合式学习评价活动的设计应当遵循三条设计原则：第一，强调形成性评价；第二，采用三角评价法；第三，综合应用多元评价方式。

　　随着混合式学习实践的深入，管理者和学者开始思考如何整体评价混合式学习，课堂社区意识、学生参与度与交互、基于问题的学习框架等都被尝试用于对混合式教学的评价。但目前最成熟的评价框架是 Garrison 等人(1999)提出的探究社区模型理论，对混合式学习中有效学习的发生有着较高的解释度。问卷法和内容分析法都是较为常用的分析方法，目前也已经形成了基于探究社区模型理论且信效度较高的混合式学习评价工具以及内容分析的框架。

　　混合式学习的评价内容包括数学效果和满意度两个方面。在不同的教育领域中，混合式学习都被广泛认可，但具体的表现有所不同。例如，在基础教育领域中，混合式学习的效果就主要体现在学生学习成绩的变化以及学习主体地位的改变上。此外，影响师生满意度的因素包括教学指导、面授支持、教师的专业技能、教师对技术的焦虑等。

总结 >

🏵 关键术语

混合式学习评价　Blended Learning Assessment
评价框架　Assessment Framework
教学满意度　Teaching Satisfaction

应用>

Aa 批判性思考

　　请从评价框架、评价方法和评价工具以及评价内容等方面思考混合式学习的评价设计与传统面授教学的评价设计有哪些相同和不同的地方？

✎ 体验练习

　　一、判断题

　　1. 目前最成熟的、应用最广泛的混合式学习评价框架是探究社区模型理论。

　　2. 从课程层面看，混合式学习的成功最主要取决于两个维度：基础设施建设和培训，而教学指导和学生是课程层面上最为重要的两个因素。

　　3. 在高等教育领域，混合式学习被大量研究证明能够提高学生的实践技能、基于真实的问题或情境解决问题的能力。

　　二、简答题

　　请简述混合式学习的评价内容。

◯ 案例研究

　　基于蓝墨云班的"互联网＋高职公共英语"课程的混合式学习评价

　　该课程是苏州经贸职业技术学院面向非英语专业一年级开设的一门公共基础课程。该课程的评价设计以大学英语教学指南、多元智能理论和建构主义学习观为理论基础，并以 Campbell 多元评价的五项基本原则为设计原则。该课程使用的蓝墨云班课平台能够记录学生的线上讨论、作业、测验问卷等进行学习过程评价和学习结果评价。评价指标主要依据课程知识、能力和素养目标制定，其中学生的交互水平和情感态度、学习积极性等是教师重点关注的内容。针对线上班课和线下课堂分别设计了评价指标、评价内容、评价方式和评价主体等维度，构建了"线上＋线下"结合的多元评价体系（如表 10-2、表 10-3 所示）。不难看出，该课程有多个评价主体：教师评价、学生、小组互评等，能够更加客观全面地进行评价。此外，该课程使用的平台支持作业和测试的即时评价和反馈，测评的时效性较强，因此能够支持教师及时了解学生的学习情况并做出针对性的指导。

表 10-2　线上评价

评价指标	评价内容	评价方式		评价主体
知识	学习效果	语言知识学习		教师、学生
		课文理解		教师、学生
		期末测试		教师
能力	交流	头脑风暴次数		学生、教师
		答疑、讨论次数		
		发言次数		
	处理信息	资源信息上传、下载		教师、学生
	创新	拓展资源学习		学生、教师
		观点陈述	个人发言	
			小组协作	
素养	学习态度与学习参与度	登录频次		学生、教师
		经验值		
		学习时长		
		规定时间效率		

表 10-3　线下评价

评价目标	评价指标	评价内容方式	评价主体
知识	学习效果	课前课后测试	教师、学生
		期末考试	教师
能力	学习过程	主题讨论、观点展示	学生、教师
素质	学习态度	出勤	学生、教师
		主动参与、创新	

参 考 文 献

［1］埃金，王维诚．课堂教学策略．北京：教育科学出版社，1990.

［2］白雪梅，马红亮，吴海梅．教学存在、社会存在及认知存在关系研究——以基于 MOOC 的混合课程为例．开放教育研究，2016(4).

［3］卜玉华．小学英语教学目标设计中的常见问题及对策．课程•教材•教法，2011.

［4］布卢姆．教育评价．邱渊，王刚，等，译．上海：华东师范大学出版社，1987.

［5］曹宝龙．基于素养发展的课堂教学目标体系．课程•教材•教法，2018(1).

［6］常学勤．教学目标设计常见问题与矫正策略．教学与管理(中学版)，2015(8).

［7］陈春磊，杨贯中，肖潇．形式化描述在学习目标中的研究，科学技术与工程，2007(16).

［8］陈丽，冯晓英，李爽．校际协作学习活动的主要策略与脚手架—以"携手助学"百间教室校际协作活动为例．中国电化教育，2008(5).

［9］陈丽，冯晓英．网络导学中辅导教师角色能力条件的研究．中国电化教育，2012(7).

［10］陈丽，冯晓英．学习理论的发展与网络课程教学策略创新．北京广播电视大学学报，2015(1).

［11］陈鹏宇，冯晓英，孙洪涛，等．在线学习环境中学习行为对知识建构的影响.中国电化教育，2015(8).

［12］陈晓慧．教学设计．北京：北京电子工业出版社，2009.

［13］陈旭远．新课程新理念．长春：东北师范大学出版社，2002.

［14］陈义勤．网上人大学习者学习困难调查与分析．中国远程教育，2008(8).

［15］陈佑清．体验及其生成．教育研究与实验，2002(2).

［16］褚宏启．中国教育发展方式的转变：路径选择与内生发展．华东师范大学学报(教育科学版)，2018(1).

［17］丁兴富．论远程教育中的学生学习支助服务(上)．中国电化教育，2002(3).

［18］丁兴富．远程教育的微观理论．中国远程教育，2001(2).

200

[19]杜世纯，傅泽田．基于mooc的混合式学习及其实证研究．中国电化教育，2016(12).

[20]多召军，赵蔚，李玉斌，等．问题解决学习视角下基于网络学习空间的混合式学习设计．电化教育研究，2018(2).

[21]冯晓英，冯立国，于晶．开放大学教师专业发展需求模型——基于扎根理论的研究．开放教育研究，2017(2).

[22]冯晓英，刘月，解晶晶，等．远程教育从业人员的职业发展阶段和典型工作任务分析．现代远程教育研究，2013(6).

[23]冯晓英，孙雨薇，曹洁婷．"互联网＋"时代的混合式学习：学习理论与教法学基础．中国远程教育，2019(2).

[24]冯晓英，王瑞雪．"互联网＋"时代核心目标导向的混合式学习设计模式．中国远程教育，2019(7).

[25]冯晓英，王瑞雪，吴怡君．国内外混合式教学研究现状述评——基于混合式教学的分析框架．远程教育杂志，2018(3).

[26]冯晓英．在线辅导的策略：辅导教师教学维度的能力．中国电化教育，2012(8).

[27]冯晓英，郑勤华，陈鹏宇．学习分析视角下在线认知水平的评价模型研究．远程教育杂志，2016(6).

[28]高峰．教育技术的接受和采纳：几个相关理论的比较．开放教育研究，2009(6).

[29]高勤丽，张晓．混合式教师研修课程的创建——北京市幼儿园新入职教师网络研修项目实践．开放学习研究，2016(4).

[30]顾明远．从各国中等教育的结构看我国中等教育结构的改革．比较教育研究，1980(1).

[31]顾明远．中国教育大辞典．上海：上海教育出版社，1998.

[32]顾小清，傅伟，王华文．遵从预设与定制路径：电子课本的学习地图设计．电化教育研究，2013(6).

[33]郭子超．高中学科教学目标设计的问题及对策．教学与管理，2019(4).

[34]韩淼．基于慕课和雨课堂的高校思政课混合式教学——以"毛泽东思想和中国特色社会主义理论体系概论"慕课为例．现代教育技术，2018(7).

[35]何克抗．从Blending Learning看教育技术理论的新发展．国家教育行政学院学报，2005(9).

[36]何克抗．从Blending Learning看教育技术理论的新发展(上)．电化教育研究，2004(3).

[37]何克抗．从blending learning看教育技术理论的新发展(下)．中小学信息技术教育，2004.

［38］何克抗．建构主义的教学模式、教学方法与教学设计．北京师范大学学报（社会科学版），1997(5)．

［39］和学新．教学策略的概念，结构及其运用．教育研究，2000(12)．

［40］胡永斌．中小学智慧教室环境中的学习体验研究．北京：北京师范大学，2015．

［41］黄梅，宋乃庆．基于三维目标的教学目标设计．电化教育研究，2009(5)．

［42］黄荣怀，周跃良，王迎．混合式学习的理论与实践．北京：高等教育出版社，2016．

［43］黄韶斌．再探教学中的非正式评价．当代教育科学，2005(6)．

［44］黄伟．教学三维目标的落实．教育研究，2007(10)．

［45］蒋永贵．指向核心素养的学习目标研制．课程·教材·教法，2017(9)．

［46］金东升，王英．化学教学设计中三维目标设计与叙写的问题与对策．化学教育，2014(7)．

［47］雷雨，陈绮霞．线上线下混合式教学模式在《劳动与社会保障法》课程中的应用研究与实践．法制与社会，2018(2)．

［48］黎加厚．新教育目标分类学概论．上海：上海教育出版社，2010．

［49］李逢庆．混合式教学的理论基础与教学设计．现代教育技术，2016(9)．

［50］李浩君，徐佳程，房邵敏，等．个性化移动学习路径优化策略应用研究．电化教育研究，2016(1)．

［51］李康．教学策略及其类型探析．西北师大学报（社会科学版），1994(2)．

［52］李乐，唐辉，白吉可．药物分析慕课公选课教学过程规范化管理的思考．卫生职业教育，2019 (17)．

［53］李芒，徐晓东，朱京曦．学与教的理论．北京：高等教育出版社，2007．

［54］李艺，钟柏昌．谈"核心素养"．教育研究，2015(9)．

［55］梁国立．教法学及其地位和意义．教育研究，2012 (10)．

［56］琳达·哈拉西姆，肖俊洪．协作学习理论与实践——在线教育质量的根本保证．中国远程教育，2015(8)．

［57］刘海生，李清臣．教学目标设计：问题与对策——基于 12 位小学教师的教案分析．中小学教师培训，2016(6)．

［58］刘娟娟，周雪涵，徐舜平，等．乡村中学的翻转课堂研究——以山东省某镇中学为例．教育发展研究，2017(Z2)．

［59］刘洋，兰聪花，马炅．电子档案袋评价与传统教学评价的比较研究．电化教育研究，2012(2)．

［60］刘义民．语文教学目标有效生成研究．重庆：西南大学，2013．

[61]马婧，韩锡斌，程建钢．促进学习投入的混合教学活动设计研究．清华大学教育研究，2018(3)．

[62]马婧，韩锡斌，程建钢．促进学习投入的混合教学活动设计研究．清华大学教育研究，2018(3)．

[63][美]基思·索耶 R．剑桥学习科学手册．徐晓东，等，译．北京：教育科学出版社，2010．

[64][美]拉尔夫·泰勒．课程与教学的基本原理．施良方，译．北京：人民教育出版社，1994．

[65][美]迈克尔·霍恩，希瑟·斯特克．混合式学习：用颠覆式创新推动教育革命．聂风华，徐铁英，译．北京：机械工业出版社，2015．

[66][美]全美教师教育学院协会创新与技术委员会．整合技术的学科教学知识：教育者手册．任友群，詹艺主，译．北京：教育科学出版社，2011．

[67]米高磊，吴金旺．基于学习体验的在线课程设计与实践——以"互联网金融"公共课程为例．现代教育技术，2017(11)．

[68]彭绍东．基于 SCORM 标准的"学习路径"设计．现代教育技术，2010(8)．

[69]秦瑾若，傅钢善．基于五星教学原理的 SPOC 教学设计模式构建研究．中国远程教育，2017(6)．

[70]任军．高校混合式教学模式改革推进策略研究．现代教育技术，2017(4)．

[71]盛群力，等．21 世纪教育目标新分类．杭州：浙江教育出版社，2008．

[72]盛群力，马兰，褚献华．界定三维教学目标之探讨．课程·教材·教法，2010(2)．

[73]盛群力，毛伟，贺巍．国际教育目标分类研究进展要览及其创新价值．数字教育，2015(6)．

[74]宋伏秋．教学目标体系的理论与实施．石家庄：河北教育出版社，1992．

[75]谭永平．混合式教学模式的基本特征及实施策略．中国职业技术教育，2018(32)．

[76]谭永平，钟畅武，韦柳丝，等．高职院校实施混合式教学改革的策略研究．中国职业技术教育，2019(2)．

[77]田慧生，李如密．教学论．石家庄：河北教育出版社，1996．

[78]王大勇．关于远程学习者自主学习能力的研究．中国远程教育，2007(5)．

[79]王桂亮，韩志亮，姚明华．中小学课程开发与创新精神培养．教育研究，2014(9)．

[80]王济军，马希荣，何建芬．现代远程教育中情感缺失的调查与对策研究．现代远距离教育，2007(4)．

[81]王娟，吴永和．"互联网＋"时代 STEAM 教育应用的反思与创新路径．远程教

育杂志，2016(2).

[82]王楠.学习体验设计的缘起，概念及框架——用户时代教学设计的实践取向.现代教育技术，2018(12).

[83]王晓明.成都七中网校落地偏远地区谱写区域优质均衡"教育梦".中国教育信息化，2014(12).

[84]王玉玺，钟绍春，阙功稳.支撑高中生物学习的互动交流工具研究.中国电化教育，2013(11).

[85]王志军，陈丽.远程学习中的概念交互与学习评价.中国远程教育，2017(12).

[86]王志军.在线辅导中网络社团的组建和维护：辅导教师社会维度的能力.中国电化教育，2012(8).

[87]王志丽.基于超星学习通的《综合英语》混合式教学模式改革.辽东学院学报（社会科学版），2018(3).

[88]魏华燕，余亮，弓潇然.混合式教学情境下生成性资源的进化与促进策略.教师教育学报，2019(5).

[89]吴军其，刘玉梅.学习设计：一种新型的学习设计理念.电化教育研究，2009(12).

[90]吴也显.教学论新编.北京：教育科学出版社，1991.

[91]武法提，李彤彤.基于远程学习者模型的差异化教学目标设计.现代远程教育研究，2013(3).

[92]武法提，孙舒颖，李彤彤.微观视角下远程教学目标的差异化设计流程.现代远程教育研究，2014(1).

[93]奚定华.数学教学设计.上海：华东师范大学出版社，2001.

[94]谢幼如，邱艺，黄瑜玲，等.疫情防控期间"停课不停学"在线教学方式的特征、问题与创新.电化教育研究，2020(3).

[95]徐继存.课程与教学论.济南：山东人民出版社，2010.

[96]闫承利.课堂教学的策略、模式与艺术.教育研究，2001(4).

[97]阳利平.厘清教学目标设计的三个基本问题.课程·教材·教法，2014(5).

[98]杨刚.创客教育：我国创新教育发展的新路径.中国电化教育，2016(3).

[99]杨浩.高职院校混合式教学质量评价指标体系构建与应用实践.中国职业技术教育，2019(11).

[100]杨开城.对学习设计理论的几点思考.教育研究，2001(5).

[101]杨文婷，何伏刚.混合式教学中教师技能的新要求.中国远程教育，2008(6).

[102]姚巧红，修誉晏，李玉斌，等.整合网络学习空间和学习支架的翻转课堂研究——面向深度学习的设计与实践.中国远程教育，2018(11).

204

[103]叶澜．新编教育学教程．上海：华东师范大学出版社，1993．

[104]叶荣荣，余胜泉，陈琳．活动导向的多种教学模式的混合式教学研究．电化教育研究，2012(9)．

[105][英]东尼·博赞．思维导图使用手册．北京：化学工业出版社，2011．

[106]于冰沁．基于沉浸式虚拟案例的"三阶＋四化＋三省"混合式教学方法．2019届混合式教学设计大赛，2019．

[107]于春燕，郭经华．MOOC与混合教学理论及实务．北京：清华大学出版社，2018．

[108]余明华，彭红超，祝智庭．"互联网＋"视域下的无缝学习体验设计．电化教育研究，2017(11)．

[109]余胜泉，路秋丽，陈声健．网络环境下的混合式教学——一种新的教学模式．中国大学教学，2005(10)．

[110]余文森．略谈主体性与自主学习．教育探索，2001(12)．

[111]袁磊，陈晓慧，张艳丽．微信支持下的混合式学习研究——以"摄影基本技术"课程为例．中国电化教育，2012(7)．

[112]翟婧．适应性超媒体导学系统的分析与设计．北京：北京邮电大学，2007．

[113]张丽霞，郭秀敏．影响虚拟课堂学习参与度的因素与提高策略．现代教育技术，2012(6)．

[114]张文兰，张思琦，林君芬，等．网络环境下基于课程重构理念的项目式学习设计与实践研究．电化教育研究，2016(2)．

[115]张相乐．论师生信任关系的构建．教育导刊(上半月)，2010(3)．

[116]赵宏，陈丽，郑勤华，等．成人远程学习者自主学习能力培养的教学模式探究．中国电化教育，2014(6)．

[117]赵建民，张玲玉．高校教师对混合式教学接受度的实证研究——基于DTPB与TTF整合的视角．现代教育技术，2017(10)．

[118]赵琳，解月光，杨鑫，等．智慧课堂的"动态"学习路径设计研究．中国电化教育，2017(11)．

[119]赵蒙成，汪澄．课堂教学目标设计的迷思与出路．湖南师范大学教育科学学报，2016(6)．

[120]赵学昌．理想的课堂应该基于教学目标的有效落实．教育理论与实践，2008(26)．

[121]郑静．国内高校混合式教学现状调查与分析．黑龙江高教研究，2018(12)．

[122]郑燕林，秦春生．研究生课程"探究型－混合式"教学模式的构成与教学设计．现代远距离教育，2018(4)．

[123]钟启泉．课堂评价的挑战．全球教育展望，2012(1)．

［124］钟志贤．建构主义学习理论与教学设计．电化教育研究，2006(5).

［125］钟志贤．信息化教学模式：理论建构与实践例说．北京：教育科学出版社，2006.

［126］朱琳．小学生课堂学习体验研究．长春：东北师范大学，2008.

［127］祝智庭，孟琦．远程教育中的混合学习．中国远程教育，2003(19).

［128］Abdullah M Y，Bakar N R A，Mahbob M H. Student's participation in classroom：what motivates them to speak up? Social and Behavioral Sciences，2012(51).

［129］Abrami P C，Bernard R M，Bures E M，Borokhovski E，Tamim R M. Interaction in distance education and online learning：using evidence and theory to improve practice. Journal of Computing in Higher Education，2011(2-3).

［130］Akyol Z，Garrison D R，Ozden M Y. Development of a community of inquiry in online and blended learning contexts. Procedia-Social and Behavioral Sciences，2009(1).

［131］Akyol Z，Garrison D R. The development of a community of inquiry over time in an online course：understanding the progression and integration of social，cognitive and teaching presence. Journal of Asynchronous Learning Networks，2008(3).

［132］Al-Busaidi K A，Al-Shihi H. Key factors to instructors'satisfaction of learning management systems in blended learning. Journal of Computing in Higher Education，2012(1).

［133］Allen I E，Seaman J，Garrett R. Blending in：the extent and promise of blended education in the United States. Sloan Consortium. P. O. Box 1238，Newburyport，MA 01950，2007.

［134］Alsarrani N. Concerns and professional development needs of science faculty at taibah university in adopting blended learning. Proquest Llc，2010(217).

［135］Anderson L W，Krathwohl D R. A taxonomy for learning，teaching and assessing：a revision of bloom's taxonomy of educational objectives：complete (Edition). New York：Longman，2011.

［136］Anderson T. The theory and practice of online learning (2nd Edition). Edmonton，Alberta：Athabasca University Press，2008.

［137］Arbaugh J B，Cleveland-Innes M，Diaz S R，Garrison D R，Ice P，Richardson，Swan K P. Developing a community of inquiry instrument：testing a measure of the community of inquiry framework using a multi-institutional sample. The Internet and higher Education，2008(3-4).

［138］Arlina，Hatimah I，GunawanM H. The implementation of blended learning in early childhood education teacher's training. Proceedings of The 1st Non Formal Education International Conference，2018(293).

[139]Arlina, Ihat Hatimah, M Handi Gunawan. The implementation of blended learning in early childhood education teacher's training. Proceedings of the 1st Non Formal Education International Conference (NFEIC 2018), 2019.

[140]Artino A R. Motivational beliefs and perceptions of instructional quality: predicting satisfaction with online training. Journal of Computer Assisted Learning, 2008(3).

[141]Aspden L, Helm P. Making the connection in a blended learning environment. Educational Media International, 2004(3).

[142]Ayden E, Gums S. Sense of classroom community and team development process in online learning. Turkish Online Journal of Distance Education, 2016(1).

[143]Azevedo R, Cromley J G, Moos D C, Greence J A, Winters F I. Adaptive content and process scaffolding: a key to facilitating students' self-regulated learning with hypermedia. Psychological Test and Assessment Modeling, 2011(1).

[144]Balatti J, Haase M, Henderson L, et al. Developing teacher professional identity through online learning: a social capital perspective. Vtls Inc, 2010.

[145]Bednar J R, Gruendeman G W, Sandrik J L. A comparative study of frictional forces between orthodontic brackets and arch wires. American Journal of Orthodontics and Dentofacial Orthopedics, 1991(6).

[146]Bell B, Cowie B. The characteristics of formative assessment in science education. Science Education, 2001(5).

[147]Benitez K, Jimenez J, Cruz Y, Rosa M, Medina-Borja A. Please no Power-Point! Teaching strategies that work and those that do not in engineering education. In Proceedings of the American Society for Engineering Education Annual Conference, Honolulu, HI, 2007.

[148]Berge Z L. Facilitating computer conferencing: recommendations from the field. Educational Technology, 1995(1).

[149]Blikstein P, Worsley M. Multimodal learning analytics and education data mining: using computational technologies to measure complex learning tasks. Journal of Learning Analytics, 2016(2).

[150]Bliuc A M, Goodyear P, Ellis R A. Research focus and methodological choices in studies into students' experiences of blended learning in higher education. Internet & Higher Education, 2007(4).

[151]Bond D, Molly E. Rethinking models of feedback for learning: the challenge of design. Assessment & Evaluation in Higher Education, 2013(6).

[152]Bonk C J, Graham C R, Cross J, et al. The Handbook of Blended Learn-

ing: global perspectives, Local designs. Turkish Online Journal of Distance Education, 2009(4).

[153]Bonk C J, Graham C R. The handbook of blended learning: global perspectives, local designs. San Fransisco, CA: John Wiley & Sons, 2005.

[154]Bonwell C C, Eison J A. Active learning: creating excitement in the classroom. Washington DC: ASHE-ERIC Higher Education Report, 1991.

[155]Brenton S. Effective online teaching and learning. In H Fry S Ketteridge, S Marshall (Eds.). A handbook for teaching and learning in higher education: enhancing academic practice (pp. 139-151). London: Routledge, 2015.

[156]Breytenbach C, ten Ham-Baloyi W, Jordan P J. An integrative literature review of evidence-based teaching strategies for nurse educators. Nursing Education Perspectives, 2017(4).

[157]Britain S. A review of learning design: concept, specifications and tools. A Report for the JISCE-learning Pedagogy Programme, 2004.

[158] Broadbent E. Interactions with robots: the truths we reveal about ourselves. Annual Review of Psychology, 2017(68).

[159]Bruin A B H de, Kok E M, Lobbestael J, Grip A de. The impact of an online tool for monitoring and regulating learning at university: overconfidence, learning strategy, and personality. Metacognition & Learning, 2016.

[160]Chen N, et al. Effects of high level prompts and peer assessment on online learners' reflection levels. Computers & Education, 2009(2).

[161]Cheon J, Lee S, Crooks S M, et al. An investigation of mobile learning readiness in higher education based on the theory of planned behavior. Computers & Education, 2012(3).

[162]Comas-Quinn A. Learning to teach online or learning to become an online teacher: an exploration of teachers' experiences in a blended learning course. London: Cambridge University Press, 2011.

[163]Confrey J, Maloney A, Nguyen K, Mojica G, Myers M. Equi-partitioning/splitting as a foundation of rational number reasoning using learning trajectories. In 33rd Conference of the International Group for the Psychology of Mathematics Education, Thessaloniki, Greece, 2009.

[164]Confrey J, Maloney A. The construction, refinement, and early validation of the equipartitioning learning trajectory. In Proceedings of the 9th International Conference of the Learning Sciences, 2010(1).

[165]Connie Malamed. Instructional design needs a new name. http：//theelearningcoach. com/elearning_design/isd/new-name-for-id/，2015-06-01.

[166]Conrad D. Building and maintaining community in cohort-based online learning. Journal of Distance Education，2005(1).

[167]Conway J A. The myth，mystery and mastery of participative decision making in education. Educational Administration Quarterly，1984(3).

[168]Corcoran T B，Mosher F A，Rogat A. Learning progressions in science：an evidence-based approach to reform. CPRE Research Reports，2009.

[169]Davis F D. Perceived usefulness，perceived ease of use，and user acceptance of information technology. MIS Quarterly，1989(3).

[170]De Smet C，Schellens T，De Wever B，Brandt-Pomares P，Valcke M. The design and implementation of learning paths in a learning management system. Interactive Learning Environments，2014(24).

[171]Diep A N，Zhu C，Struyven K，Blieck，Y. Who or what contributes to student satisfaction in different blended learning modalities? British Journal of Educational Technology，2016.

[172]Doo Hun Lim，Michael Lane Morris. Learner and instructional factors influencing learning outcomes within a blended learning environment. Journal of Educational Technology & Society，2009.

[173]Doyle K O. Evaluating teaching. Lexington，MA/Toronto：DC. Health and Company，1983.

[174]D R Garrison，Tak Shing Fung，Martha，et al. Exploring causal relationships among teaching，cognitive and social presence：student perceptions of the community of inquiry framework. The Internet and Higher Education，2010.

[175]Du S，Liu Z，Liu S，Yin H，Xu G，Zhang H，et al. Web-based distance learning for nurse education：a systematic review. International Nursing Review，2013(2).

[176]Dziuban C，Moskal P. A course is a course is a course：factor invariance in student evaluation of online，blended and face-to-face learning environments. The Internet and Higher Education，2011(4).

[177]EUA. Promoting active learning in universities. Cecilia christersson，patricia staaf，2019.

[178]Feng，Xiaoying，Xie，Jingjing，Liu，Yue. Using the Community of Inquiry Framework to Scaffold Online Tutoring. International Review of Research in Open and Distributed Learning，2017(2).

［179］Feng X. Scaffolding facilitates inter-school collaborative learning: a case study in China. Journal of Educational Technology Development and Exchange, 2012(1).

［180］Feng X, Xie J, Liu Y. Using the community of inquiry framework to scaffold online tutoring. The International Review of Research in Open and Distributed Learning, 2017(2).

［181］Garrison D R, Anderson T, Archer W. Critical inquiry in a text-based environment: computer conferencing in higher education. Internet and Higher Education, 1999(2-3).

［182］Garrison D R, Anderson T, Archer W. Critical thinking, cognitive presence, and computer conferencing in distance education. American Journal of Distance Education, 2001(1).

［183］Garrison D R, Anderson T, Archer W. The first decade of the community of inquiry framework: a retrospective. Internet & Higher Education, 2010(1-2).

［184］Garrison D R, Arbaugh J B. Researching the community of inquiry framework: review, issues, and future directions. The Internet and Higher Education, 2007(3).

［185］Garrison D R. E-learning in the 21st century: a framework for research and practice [Second edition]. New York: Routledge, 2011.

［186］Garrison D R. Online community of inquiry review: social, cognitive, and teaching presence issues. Journal of Asynchronous Learning Networks, 2007.

［187］Garrison D R, Vaughan N D. Institutional change and leadership associated with blended learning innovation: two case studies. Internet & Higher Education, 2013(4).

［188］George-Walker L D, Keeffe M. Self-determined blended learning: a case study of blended learning design. Higher Education Research & Development, 2010(1).

［189］Goodyear V, Dudley D. I'm a facilitator of learning! Understanding What Teachers and Students Do Within Student-Centered Physical Education Models. Quest, 2015(3).

［190］Graff M. Individual differences in sense of classroom community in a blended learning environment. Journal of Educational Media, 2003(2-3).

［191］Graham C R. Blended learning systems: definition, current trends, and future directions. In C J Bonk & C R Graham, The Handbook of Blended Learning: Global Perspectives, local designs. San Francisco, CA: Pfeiffer, 2006.

［192］Graham C R, Robison R. Realizing the trans-formational potential of blended learning: comparing cases of transforming blends and enhancing blends in higher education. In Picciano A G & Dziuban C D, Blended Learning: Research Perspectives. Need-ham, MA: Sloan Consortium, 2007.

[193]Graham C R, Woodfield W, Harrison J B. A framework for institutional a-doption and implementation of blended learning in higher education. Internet & Higher Education, 2013(3).

[194]Grant A M, Franklin J, Langford P. The self-reflection and insight scale: a new measure of private self-consciousness. Social Behavior and Personality: an Interna-tional Journal, 2002(8).

[195]Grion V, Varisco B M. On line collaboration for building a teacher profes-sional identity. Psychology Journal, 2007(3).

[196]Guldberg K R. Tutor roles in facilitating reflection on practice through online discussion. Educational Technology & Society, 2007(10).

[197]Hadjerrouit S. Towards a blended learning model for teaching and learning computer programming: a case study. Informatics in Education, 2008(2).

[198] Hargreaves E. Assessment for learning? thinking outside the (black) box. Cambridge Journal of Education, 2005(2).

[199]Henrie C R, Robert B, Manwaring K C, Graham C R. Exploring intensive longitudinal measures of student engagement in blended learning. The International Re-view of Research in Open and Distributed Learning, 2015(3).

[200]Hew K F, Cheung W S. Attracting student participation in asynchronous online discussions: a case study of peer facilitation. Computers & Education, 2008(3).

[201] Hrastinski S. Asynchronous and synchronous e-learning. Educause Quarter-ly, 2008(4).

[202]Huang E Y, Lin S W, Huang T K. What type of learning style leads to on-line participation in the mixed-mode e-learning environment? a study of software usage instruction. Computers & Education, 2012(1).

[203]Hyo-Jeong So, Thomas Brush A. Student perceptions of collaborative learn-ing, social presence and satisfaction in a blended learning environment: relationships and critical factors. Computers & Education, 2008(15).

[204]Ige O A, Hlalele D J. Effects of computer-aided and blended teaching strate-gies on students' achievement in civic education concepts in mountain learning ecolo-gies. Education and Information Technologies, 2017(6).

[205]Ilic D, Nordin R B, Glasziou P, Tilson J K, Villanueva E. A randomised controlled trial of a blended learning education intervention for teaching evidence-based

medicine. BMC Medical Education，2015(1).

[206]Jeffrey L M，Milne J，Suddaby G. Blended learning：how teachers balance the blend of online and classroom components. Journal of Information Technology Education Research，2014(13).

[207]Jonassen D，Henning P. Mental models：knowledge in the head and knowledge in the world. Educational Technology，1999 (5-6).

[208]Jones N. Handbook of blended learning：global perspectives，local designs，Bonk C J & Graham C R eds. Pfeiffer Publishing，2006.

[209]Jones N P，Papadakis A A，Hogan C M，Strauman T J. Over and over again：rumination，reflection，and promotion goal failure and their interactive effects on depressivesymptoms. Behaviour Research and Therapy，2009(3).

[210]Jung I，Choi S，Lim C，Leem J. Effects of different types of interaction on learning achievement，satisfaction and participation in web-based instruction. Innovations in Education and Teaching International，2002(2).

[211]Kanuka H，Rourke L，Laflamme E. The influence of instructional methods on the quality of online discussion. British Journal of Educational Technology，2007(2).

[212]Karen Guldberg，Rachel，et al. Tutor roles in facilitating reflection on practice through online discussion. Journal of Educational Technology & Society，2007.

[213]Keengwe J，Kang J J. A review of empirical research on blended learning in teacher education programs. Education and Information Technologies，2013(3).

[214]Ke，F. A qualitative meta-analysis of computer games as learning tools. In Gaming and simulations：concepts，methodologies，tools and applications. IGI Global，2011(1619-1665).

[215]Kim M K，Kim S M，Khera O，Getman J. The experience of three flipped classrooms in an urban university：an exploration of design principles. The Internet and Higher Education，2014(C).

[216]King S E，Arnold C K. Blended learning environments in higher education：a case study of how professors make it happen. Mid-Western Educational Researcher，2012(25).

[217]King S E，Cerrone Arnold K. Blended learning environments in higher education：a case study of how professors make it happen. Mid-Western Educational Researcher，2012(25).

[218]Kintu M J，Zhu C，Kagambe E. Blended learning effectiveness：the relationship between student characteristics，design features and outcomes. International Jour-

212

nal of Educational Technology in Higher Education，2017(1).

[219]Korr J，Derwin E B，Greene K，et al. Transitioning an adult-serving university to a blended learning model. Journal of Continuing Higher Education，2012(1).

[220]Kozan K. The incremental predictive validity of teaching，cognitive and social presence on cognitive load. The Internet and Higher Education，2016(31).

[221]Köse U. A blended learning model supported with Web 2.0 technologies. Procedia-Social and Behavioral Sciences，2010(22).

[222]Lambert J L，Fisher J L. Community of inquiry framework：establishing community in an online course. Journal of Interactive Online Learning，2013(1).

[223]Law L，Hafiz M. Can TAs learn better by flipping a classroom with SPOC? . In World Conference on Mobile and Contextual Learning (pp. 54-63)，2018.

[224]Law N，Li L，Farias Herrera L，Chan A，Pong T C. A pattern language based learning design studio for an analytics informed inter-professional design community. Interaction Design and Architecture(s)，2017(33).

[225]L E Berk，Winsler A. Scaffolding children's learning：vygotsky and early childhood education. NA EYC，1995.

[226]Lipman P D. Age and exposure differences in acquisition of route information. Psychology and aging，1991(1).

[227]Llorente A M P，Gómez M C S，García-Peñalvo F J. Assessing the Effectiveness of interactive and collaborative resources to improve reading and writing in English. International Journal of Human Capital & Information Technology Professionals，2016(1).

[228]Lock J V. Laying the groundwork for the development of learning communities within online courses. Quarterly Review of Distance Education，2002(4).

[229]Lockyer L，Dawson S. Learning designs and learning analytics. International Conference on Learning Analytics and Knowledge DBLP，2011(2-3).

[230]Lu J，Law N. Online peer assessment：effects of cognitive and affective feedback. Instructional ence，2012(2).

[231]Martha，Cleveland-Innes，Prisca，Campbell. Emotional presence，learning，and the online learning environment. International Review of Research in Open & Distance Learning，2012.

[232]McKeachie W J，Pintrich P R，Lin Y G，Smith D A F. Teaching and learning in the college classroom：a review of the research literature. Ann Arbor，MI：National Center for Research to Improve Postsecondary Teaching and Learning，Universi-

ty of Michigan，1986.

[233]Means B，Toyama Y，Murphy R F，et al. The effectiveness of online and blended learning：a meta-analysis ofthe empirical literature. Teachers College Record，2013(3).

[234]Mentis M，Holley-Boen W，Butler P，et al. Māwhai：webbing a professional identity through networked interprofessional communities of practice. Teaching & Teacher Education，2016(60).

[235]Miyazoe T，Anderson T. Anoymity in blended learning：who would you like to be? Journal of Educational Technology & Society，2011(2).

[236]Miyazoe T，Anderson T. Learning outcomes and students' perceptions of online writing：simultaneous implementation of a forum，blog，and wiki in an efl blended learning setting. System，2010(2).

[237]Muhtia A，Suparno S，Sumardi S. Blended learning using schoology as an online learning platform：potentials and challenges. In English Language and Literature International Conference (ELLiC) Proceedings，2018(2).

[238]Olesova L，Slavin M，Lim J. Exploring the effect of scripted roles on cognitive presence in asynchronous online discussions. Online Learning，2016(4).

[239]Oliver M，Trigwell K. Can "blended learning" be redeemed? E-Learning，2005(1).

[240]Orlich D C，Harder R J，Callahan R C，Trevisan M S，Brown A H. Teaching strategies：a guide to effective instruction. Cengage Learning，2012.

[241]Pandey Y. Learning experience design，2017. https：//elearningindustry.com/learning-experience-design-introduction-part-1，2021-06-01.

[242]Plaut A. Elements of learning experience design，2014. http：//boxesandarrows. com/elements-of-learning-experience-design，2021-06-01.

[243]Poon J. Blended Learning：An institutional approach for enhancing students' learning experiences. Journal of Online Learning Teaching，2013(2).

[244]Porter W W，Graham C R. Institutional drivers and barriers to faculty adoption of blended learning in higher education. British Journal of Educational Technology，2016(4).

[245]Porter W W，Graham C R，Spring K A，et al. Blended learning in higher education：institutional adoption and implementation. Computers & Education，2014(3).

[246]Redpath L. Confronting the bias against on-line learning in management education. Academy of Management Learning & Education，2012(1).

[247]Richardson J C，Alsup J. From the classroom to the keyboard：how seven teachers created their online teacher identities. International Review of Research in Open & Distance Learning，2014(1).

[248]Richardson J C，Ice P. Investigating students' level of critical thinking across instructional strategies in online discussions. Internet & Higher Education，2010(1-2).

[249]Richardson J C，Swan K. Examining social presence in online courses in relation to students' perceived learning and satisfaction. Journal of Asynchronous Learning Networks，2001(1).

[250]Salmon G. E-moderating：the key to teaching and learning online. London and New York：Routledge Falmer，2004.

[251]Salmon G. E-moderating：the key to teaching and learning on-line (2nd ed.). London and New York：Routledge Falmer，2003.

[252] Sarama J，Clements D H，Barrett J，Van Dine D W，McDonel J S. Evaluation of a learning trajectory for length in the early years. ZDM，2011(5).

[253] Scriven. Evaluation thesaurus. 4th ed. Newbury Park，CA：Sage Publications，1991(169).

[254]Shen P D，Lee T H，Tsai C W. Applying blended learning with web-mediated Self-regulated learning to enhance vocational students' computing skills and attention to learn. Interactive Learning Environments，2011(2).

[255]Siemens G. Connectivism：A learning theory for a digital age. International Journal of Instructional Technology and Distance Learning，2005(1).

[256]Siemens G. Knowing knowledge. www. knowingknowledge. com. Anderson，2008.

[257] Smith P. Blended learning：it's not the tech，it's how the tech is used，2014.

[258] Smith P. Blended learning：it's not the tech，it's how the tech is used. Huffington Post，2014.

[259] Smith R，Blomeyer R L. A synthesis of new research on K-12 online learning. Virtualschooling，2005.

[260]So H J，Brush T A. Student perceptions of collaborative learning，social presence and satisfaction in a blended learning environment：relationships and critical factors. Computers & education，2008(1).

[261]Sulaiman N A. Implementing blended learning and flipped learning models in the university classroom：a case study. Teaching english with technology，2018(4).

[262]Swan K，Ice P. The community of inquiry framework ten years later：intro-

duction to the special issue. The Internet & Higher Education，2010(13)．

[263]Szabo Z，Lopez A. Better together：team facilitation in asynchronous online discussion forums. Polyurethane Industry，2013．

[264]Tabor S W. Narrowing the distance：implementing a hybrid Learning model for information security education. Quarterly Review of Distance Education，2007(8)．

[265]Tabor S W. Narrowing the distance：implementing a hybrid learning model for information security education. Quarterly Review of Distance Education，2007．

[266]Takano K，Tanno Y. Self-rumination，self-reflection，and depression：self-rumination counteracts the adaptive effect of self-reflection. Behaviour Research & Therapy，2009(3)．

[267]Toth M，Foulger T S. Post-implementation insights about a hybrid degree program. TechTrends：Linking Research and Practice to Improve Learning，2008(3)．

[268]Vaughan N，Cleveland-Innes M，Garrison R. Teaching in blended learning environments：creating and sustaining communities of inquiry. Alberta，Canada：AU Press，2013．

[269]Vaughan N，Garrison D R. How blended learning can support a faculty development community of inquiry. Journal of Asynchronous Learning Networks，2006(4)．

[270]Vaughan N. Perspectives on blended learning in higher education. International Journal on E-Learning，2007(1)．

[271]Vaughan N. Teaching in blended learning environments：creating and sustaining communities of inquiry. Athabasca University Press，2013．

[272]Veletsianos G，Shepherdson P. A systematic analysis and synthesis of the empirical mooc literature published in 2013-2015. International Review of Research in Open & Distance Learning，2016(2)．

[273]Victoria López-Pérez M，Carmen Pérez-López M，Lázaro Rodríguez-Ariza. Blended learning in higher education：students' perceptions and their relation to outcomes. Computers & Education，2011(3)．

[274]Vygotsky L S. Mind in society：the development of higher psychological processes. Cambridge，MA：Cambridge University Press，1978．

[275]Wasoh F. Exploring the roles of blended learning as an approach to improve. Teaching and Learning English，2016．

[276]Weiser O，Blau I，Eshet-Alkalai Y. The role of pedagogy media and students'personality in synchronous learning：comparing face-to-face andvideoconferencing participation. Paper presented at the 10th International Technology，Education and

Development Conference-INTED2016Spain：Valenci，2016.

[277]William D，Clare L，Harrison C，et al. Teachers developing assessment for learning：impact on student achievement. Assessment in Education：Principles，Policy & Practice，2004(1).

[278]Woltering V，Herrler A，Spitzer K，Spreckelsen C. Blended learning positively affects students' satisfaction and the role of the tutor in the problem-based learning process：results of a mixed-method evaluation. Advances in Health Sciences Education，2009(5).

[279] Wong L，Tatnall A，Burgess S. A framework for investigating blended learning effectiveness. Education & Training，2014(2/3).

[280]Wood D，Bruner J，Ross G. The role of tutoring in problem solving. Journal of Child Psychology & Psychiatry & Allied Disciplines，1976(2).

[281]Wu J H，Tennyson R D，Hsia T L. A study of student satisfaction in a blended e-learning system environment. Computers & education，2010(1).

[282]Xiao J. Who am I as a distance tutor? An investigation of distance tutors' professional identity in China. Distance Education，2016(1).

[283]Yamakoshi S，Tsuchiya H. Mediating role of anger rumination in the association between mindfulness，anger-in，and trait anger. Psychology，2016(8).

[284]Yen J C，Lee C Y. Exploring problem solving patterns and their impact on learning achievement in a blended learning environment. Computers and Education，2011(1).

[285]Young S，Shaw D G. Profiles of effective college and university teachers. The Journal of Higher Education，1999(6).